प्राचीन एवं मध्यकालीन भ

प्राचीन एवं मध्यकालीन भारत में शिक्षा

जगदीश चन्द

उप शिक्षा निदेशक (सेवानिवृत), शिक्षा निदेशालय, दिल्ली
कार्यकारी निदेशक (सेवानिवृत), पाठ्य पुस्तक ब्यूरो, दिल्ली

ANSHAH अंशः पब्लिशिंग हाउस

(First published in India in 2008)

Rs. 550; US$ 22

ISBN: 978-81-8364-029-9

2020 Impression

प्राचीन एवम् मध्यकालीन भारत में शिक्षा
Education in Ancient and Medieval India

Published by:
ANSHAH PUBLISHING HOUSE
LG 18-19, Pankaj Central Market,
Patparganj, Delhi 110092
Ph.011 22235152/ 6152
Email: info@shiprapublication.com
Website: www.shiprapublication.com

प्राक्कथन

जीवन के विभिन्न पक्षों का अध्ययन करने वाले भारत के ही नहीं अपितु विदेशी विचारकों ने भी समय-समय पर भारत की उच्च स्तरीय शिक्षा, दर्शन तथा विज्ञान की समृद्ध परम्परा की भरपूर प्रशंसा की है।

मेरी पुस्तक 'भारत में शिक्षा व्यवस्था का विकास' (2007 में प्रकाशित) में प्राचीन काल से सम-सामयिक काल तक शिक्षा के विकास पर गहन तथा विस्तृत विवेचना की गई है। प्रस्तुत पुस्तक के पहले पांच अध्यायों में भारत की प्राचीन शिक्षा व्यवस्था पर चर्चा की गई है तथा अन्य दो में मध्यकालीन शिक्षा पर। पुस्तक पाठ्यक्रम के अनुसार है तथा अध्यापकों की आवश्यकताओं की पूर्ति करती है।

आशा है कि पुस्तक पाठकों के लिए अन्यन्त उपयोगी होगी।

लेखक उन सभी लेखकों तथा प्रकाशकों का आभारी है जिनके प्रकाशनों से यह पुस्तक लेखन में सहायता ली है।

जगदीश चन्द

विषय सूची

[illegible]

1

वैदिक युग में भारत में शिक्षा
(Education in the Vedic Period of India)

प्रस्तावनाः उच्चस्तरीय शिक्षा, दर्शन तथा विज्ञान की समृद्ध परम्परा

जीवन के विभिन्न पक्षों का अध्ययन करने वाले भारत के ही नहीं अपितु विदेशी विचारों ने भी प्राचीन भारत की उच्चस्तरीय शिक्षा, दर्शन तथा विज्ञान की समृद्ध परम्परा की भरपूर प्रशंसा की है। यहां पर इस सन्दर्भ में कुछ विद्वानों का ही उल्लेख किया जा रहा है।

डॉ. एफ. डब्ल्यू. थामस ने अपनी पुस्तक The History and Prospects of British Education in India में इस प्रकार लिखा है "भारत में शिक्षा कोई नई बात नहीं है। संसार का कोई भी देश ऐसा नहीं है जहां ज्ञान के प्रति प्रेम इतने प्राचीन काल से आरम्भ हुआ हो अथवा जिसने इतना स्थायी और शक्तिशाली प्रभाव उत्पन्न किया हो।"

मैक्स मूलर ने अपनी पुस्तक '*India: What Can it Teach Us*' में एक स्थान पर लिखा है: "अगर मैं विश्वभर में से उस देश को ढूँढने के लिए चारों दिशाओं में आँखें उठाकर देखूँ जिस पर प्रकृति-देवी ने अपना सम्पूर्ण वैभव, पराक्रम तथा सौन्दर्य खुले हाथों लुटाकर उसे पृथ्वी का स्वर्ग बना दिया है, तो मेरी अंगुली भारत की तरफ़ उठेगी। अगर मुझसे पूछा जाये कि अन्तरिक्ष के नीचे कौन-सा वह स्थल है जहां मानव के मानस ने अपने अन्तराल में निहित ईश्वर-प्रदत्त अन्यतम सद्भावों को पूर्ण रूप से विकसित किया है, गहराई में उतरकर जीवन की कठिनतम समस्याओं पर विचार किया है, उनमें से अनेकों को इस प्रकार सुलझाया है जिसको

जानकर प्लेटो तथा काँट का अध्ययन करनेवाले मनीषी भी आश्चर्य चकित रह जाएँ, तो मेरी अंगुली भारत की तरफ़ उठेगी। और, अगर मैं अपने से पूछूँ कि हम–यूरोप के वासी–जो अबतक केवल ग्रीक, रोमन तथा यहूदी विचारों में पलते रहे हैं, किस साहित्य से प्रेरणा ले सकते हैं जो हमारे भीतरी जीवन का परिशोध करे, उसे उन्नति के पथ पर अग्रसर करे, व्यापक बनाये, विश्वजनीन बनाये, सही अर्थों में मानवीय बनाये, जिससे हमारे इस पार्थिव जीवन को ही नहीं, हमारी सनातन आत्मा को प्रेरणा मिले, तो फिर मेरी अंगुली भारत की तरफ़ उठेगी।"

प्रसिद्ध वैज्ञानिक अल्बर्ट आइन्स्टीन (Albert Einstein) ने लिखा है, "हम भारतीयों के ऋणी हैं क्योंकि उन्होंने हमें गिनना सिखाया जिस के बिना किसी भी महत्त्वपूर्ण वैज्ञानिक आविष्कार का होना संभव नहीं।"

Arnold Toynbee संसार में ख्याति प्राप्त इतिहासकार हैं, का कहना है कि, "यह स्पष्ट हो चुका है कि यहां पश्चिमी अध्याय आरम्भ होता है, वहां भारतीय अध्याय समाप्त होता है। इतिहास के अति भयानक मोड़ पर (परमाणु युग) केवल भारतीय दृष्टिकोण में अद्‌भुत खजाना है जो दिशा प्रदान कर सकता है।"

डॉ. ए.एस. अल्तेकर के अनुसार "वैदिक युग से लेकर आज तक शिक्षा को प्रकाश का स्रोत माना गया है और वह जीवन के विभिन्न क्षेत्रों में हमारा मार्गदर्शन करता रहा है।"

मार्क टवैन (Mark Twain) जो कि अमरीका के एक प्रसिद्ध लेखक हैं, उन के विचार में "भारत मानवजाति का जन्मस्थल है। मानव के इतिहास में जो सबसे महत्त्वपूर्ण तथा निर्देशक्तनिम सामग्री है, उस का खजाना भारत में ही है।"

पी. जॉनस्टोन (P. Johnstone), जिन की गिनती अमरीका के प्रसिद्ध वैज्ञानिकों में है, उन्होंने लिखा है "न्यूटन के जन्म से पूर्व भारतीयों को गुरुत्वाकर्षण के सिद्धान्त की जानकारी थी। शताब्दियों पूर्व उन्होंने रक्त संचार प्रक्रिया के बारे में अन्वेषण किया था।"

विल डयूरैन्ट (Will Durant) ख्याति प्राप्त विचारक तथा लेखक ने लिखा है, "भारत हमें सहनशीलता, मानव मन की कोमलता, समझबूझ प्रवृत्ति, मानव के प्रति संवेदनशीलता का पाठ पढ़ाया है। भारत हमारी जाति की मातृभूमि है। संस्कृत योरोपियन भाषाओं की जननी है। वह हमारे दर्शन तथा गणित की जननी है। भारत ईसाई धर्म के आदर्शों की जननी है। भारत गणतन्त्र की जननी है। भारतमाता कई सन्दर्भों में हम सब की माता है।"

अपनी पुस्तक 'Calendars and Constellation' में इमिलिन पलूनर्ट (Emmelin Plunert) ने उल्लेख किया है कि "भारत में 600 ई० पूर्व उच्च कोटि के खगोलज्ञ थे।"

लेनसीलॉट हॉगिन (Lancelot Hogen) ने अपनी पुस्तक 'Mathematics for the Millions' में लिखा है "भारत के शून्य की खोज से बढ़ कर किसी का कोई योगदान नहीं है।"

जर्मनी के प्रसिद्ध दार्शनिक शोपनहॉर का कथन था कि "विश्व के सम्पूर्ण साहित्यिक भंडार में किसी ग्रन्थ का अध्ययन मानव के विकास के लिए इतना हितकर तथा ऊँचा उठानेवाला नहीं है जितना उपनिषदों का अध्ययन। इनके अध्ययन से मुझे जीवन में शान्ति मिली है, इनके ही अध्ययन से मुझे मृत्यु के समय भी शान्ति प्राप्त होगी।" शोपनहॉर के इन शब्दों का उल्लेख करते हुए मैक्स मूलर ने लिखा है कि "अगर शोपनहॉर की इस भावना का समर्थन करने की आवश्यकता हो, तो दर्शन तथा धर्म के अध्ययन में व्यस्त अपने दीर्घ-जीवन के अनुभव के आधार पर मैं इन शब्दों का सहर्ष अनुमोदन करता हूँ।"

मैक क्रिंडल ने सिकन्दर के आक्रमणों पर लिखी अपनी पुस्तक में मैगस्थनीज़ के '*इंडिका*' ग्रन्थ का उद्धरण देते हुए लिखा है कि जब सिकन्दर भारत पर आक्रमण करने के लिए निकला तब उसके गुरु अरस्तु ने उसे आदेश दिया कि वहाँ से लौटते हुए दो तोहफ़े लेते आना–एक था गीता तथा दूसरा, वहाँ का कोई एक दार्शनिक सन्त। सिकन्दर जब लौटने लगा तब उसने ओनियोक्रोटस नाम के अपने प्रतिनिधि को किसी सन्त को ढूँढकर साथ ले चलने के लिए भेजा। एक सन्त तो साथ चल पड़ा, दूसरे ने जिसका नाम 'डैंडीमीज़' लिखा है साथ चलने से इन्कार कर दिया। 'डैंडीमीज़' शब्द दंडी स्वामी का ग्रीक-रूप जान पड़ता है क्योंकि नाम के साथ -ईज़' लगाना ग्रीक-पद्धति थी। दंडी स्वामी को सिकन्दर के दूत ने कहा कि "आप चलेंगे तो जुपिटर का पुत्र सिकन्दर आपको मालोमाल कर देगा। दंडी स्वामी ने हँसकर उत्तर दिया–हमारे रहने के लिए यह शस्यश्यामला भारत की धरती, पहनने के लिए ये वल्कल-वस्त्र, पीने के लिए कल रव करती गंगा की शीतल धार, खाने के लिए एक पाव आटा बहुत है–हम आत्म-धन के धनी हैं, आत्म-धन जो धनों का धन है, उस धन की दृष्टि से दरिद्र तुम्हारा सिकन्दर हमें क्या दे सकता है?"

वैदिक साहित्य–वैदिक शिक्षा, दर्शन तथा विज्ञान का महत्त्वपूर्ण स्रोत

पुरातत्त्वीय स्रोत सिंधु घाटी की सभ्यता को प्रमाणित करते हैं किंतु वैदिक युग की सभ्यता के बारे में जानकारी देने के लिए हमारे पास लिखित साहित्यों का अक्षुण भंडार है। वैदिक साहित्य जिसमें श्रुति और स्मृति साहित्य समाहित हैं,

ज्ञान का एक ऐसा भंडार है जो भारतवासियों के लिए हज़ारों वर्षों से सूचना, ज्ञान, शिक्षा और प्रेरणा का एक महान स्त्रोत बना हुआ है। इसमें मनुष्य की भौतिक प्रगति और आध्यात्मिक प्रगति दोनों के लिए उपयुक्त मार्गदर्शन प्रदान किया गया है। वास्तव में यह यह वैदिक दर्शन के सर्वोत्कृष्ट और सर्वोच्च ज्ञान को प्रदर्शित करता है। यह वैदिक युग के लोगों के सांस्कृतिक, आर्थिक, राजनीतिक, धार्मिक, सामाजिक और आध्यात्मिक जीवन पर प्रकाश डालता है।

श्रुति और स्मृति साहित्य

श्रुति साहित्य वैदिक साहित्य का वह भाग है जो हिंदू मान्यता के अनुसार ईश्वर द्वारा कुछ विद्वान मनीषियों को बताया गया और बाद में इन मनीषियों ने उस ज्ञान को मौखिक रूप से पीढ़ी दर पीढ़ी पहुँचाया। इस साहित्य की रचना किसी सांसारिक व्यक्ति द्वारा नहीं की गई और इसे अत्यधिक पवित्र साहित्य माना जाता है। वेद इसी श्रेणी के साहित्य हैं।

दूसरी ओर स्मृति साहित्य की रचना ऋषियों द्वारा अपनी स्मृति के आधार पर की गई। इसमें वेदांत और उपवेद शामिल हैं।

चार वेद–वेद शब्द की व्युत्पत्ति संस्कृत के विद धातु से हुई है जिसका अर्थ है–

(क) जानना
(ख) होना
(ग) प्राप्त करना
(घ) विचार करना
(ङ) कहना
(च) निवास करना

अतः वेदों का निम्नलिखित अभिप्राय है–

1. ईश्वर और ईश्वर के आविर्भाव इस भौतिक संसार को जानना।
2. अन्य प्राणियों के साथ सामंजस्य बनाकर रहना। प्रकृति के साथ सामंजस्य बनाकर तथा ईश्वर के साथ एकात्मकता स्थापित करना।
3. निम्न भौतिक सत्ता से निर्मुक्त होकर उच्च आध्यात्मिक सत्ता के साथ एकाकार की स्थिति प्राप्त करना।
4. यह समझना कि मनुष्य की समृद्धि, उसका तेज़ और उसकी बहुलता उसे ईश्वर और प्रकृति द्वारा प्रदान की गई है तथा प्रसन्न, स्वस्थ और नेक जीवन जीना।
5. सब के लिए सद्‌भावना रखना।
6. ईश्वर के प्रताप को समझना।

7. अपनी आत्मा की गहराई को समझना और ईश्वर तथा प्रकृति की विशालता में विश्वास करना तथा जीवन को सार्थक बनाना।

वेदों में निहित ज्ञान

वेदों में सभी प्रकार का ज्ञान अंतर्निहित है और ये समस्त कला और विज्ञान की मूलभूत जानकारी प्रदान करते हैं। वास्तव में ये ज्ञान और विवेक के प्राथमिक स्रोत हैं। इनमें मानव जीवन के समस्त पहलुओं का समावेश है। इनमें विद्वानों, विद्यार्थियों, सैनिकों, योद्धाओं और शासकों आदि के कर्तव्यों को निर्धारित किया गया है।

वेदों में अत्यंत उच्च कोटि के आदर्शों और मूल्यों का समावेश है।

यह सोचना गलत है कि वेदों में केवल स्रोत हैं जिनका धार्मिक अनुष्ठानों के समय पाठ किया जाता है और ये केवल अतीत के धार्मिक अनुष्ठानों के गूढ़ार्थों और मिथकों को स्पष्ट करने का कार्य करने वाले विद्वानों के लिए ही उपयोगी हैं। वेदों की विषय-वस्तु पर केवल सरसरी निगाह डालने से ही यह स्पष्ट हो जाता है कि उनकी विषय-वस्तु अत्यंत व्यापक है और मनुष्य के दैनिक जीवन से पूर्णतः संबंधित है तथा ये मनुष्य मात्र के लिए अनिवार्य ज्ञान प्रदान करते हैं।

एस.सी. विलियम जोंस के शब्दों में, "वेदों से हमें शल्य-क्रिया, औषधि, संगीत, धनुर्विद्या तथा भवन निर्माण का व्यावहारिक ज्ञान प्राप्त होता है। वे जीवन के प्रत्येक पहलू, जैसे कि संस्कृति, धर्म, विज्ञान, रहस्यवाद, नीतिशास्त्र, विधि, ब्रह्मांड विज्ञान और मौसम विज्ञान आदि, के विश्वकोष हैं।"

वेदों को ईश्वर की वाणी समझा जाता है। ऋषियों और मनीषियों ने वेदों में निहित ज्ञान को तप साधना द्वारा प्राप्त किया तथा गहन चिंतन किया जिसे तप कहते हैं।

ऋग्वेद विश्व के पवित्र धर्मग्रन्थों में सर्वाधिक प्राचीन है। यह परवर्ती सभी ज्ञानों का मूलस्रोत है। इसमें 10,522 छंदों में लिखे गए 1,028 स्रोत निहित हैं। इसे मंडलों में विभक्त किया गया है जो 85 उप खंडों में उपविभाजित हैं। निस्संदेह ऋग्वेद प्राचीन भारत की बौद्धिक और आध्यात्मिक प्रगति का एक महान कीर्ति-स्तंभ है। सुप्रसिद्ध गायत्री मंत्र (!11,63,10) का भी सामवेद और यजुर्वेद में उल्लेख मिलता है। ऋग्वेदकालीन लोग स्वयं को आर्य कहते थे।

यजुर्वेद में 1984 छंद हैं। इसमें प्रार्थनाओं और धार्मिक अनुष्ठानों का विवरण मिलता है।

सामवेद या पवित्र गीतों का वेद विशेष गीतों का एक संग्रह है। इसमें 875 छंद हैं। संगीत के कुछ विद्वानों के अनुसार सामवेद में सात स्वरों का मूल अंतर्निहित है।

अथर्ववेद मूलत: चिकित्सा विज्ञान से संबंधित है। इसमें 5,977 छंद हैं। यह भारतीय चिकित्सा शास्त्र की प्राचीनतम पुस्तक है।

चारों वेद वैदिक साहित्य के मूल और मुख्य स्रोत हैं। परवर्ती साहित्य में इन वेदों की व्याख्या की गई है तथा इनमें छिपे सत्य को प्रकट करने का प्रयास किया गया है। वेदों को श्रुति भी कहते हैं क्योंकि इनमें अंतर्निहित ज्ञान सुनकर अर्जित किया गया था।

वेदों का काल

वेदों के काल के संबंध में अनेक विवाद हैं। इस पर नीचे चर्चा की गई है–

1. गणित-ज्योतिषीय गणना के आधार पर प्रो. जैकोबी ने प्राचीनतम वेद ऋग्वेद का काल 4000 ई०पू० माना है।
2. बाल गंगाधर तिलक भी ऋग्वेद का काल 4000 ई०पू० ही मानते हैं।
3. प्रो. मैक्समूलर के अनुसार ऋग्वेद का काल 1200 ई०पू० से 1500 ई०पू० के बीच है।
4. डॉ. सर्वपल्ली राधाकृष्णन के अनुसार, वैदिक काल अस्पष्ट है और यह 2500 से 6000 ई०पू० के बीच हो सकता है। बाद में मैक्समूलर ने कहा, "पृथ्वी पर ऐसी कोई शक्ति नहीं है जो यह निश्चित कर सके कि वैदिक स्रोत की रचना 1000 ई०पू० में की गई, 1500 ई०पू० में की गई या 2000 ई०पू० अथवा 3000 ई०पू० में की गई।"
5. डॉ. विंटरनिट्ज वेदों की रचनाा का काल 2000 से 2500 ई०पू० के बीच मानते हैं।
6. स्वामी दयानंद के अनुसार वेदों का अस्तित्व अनंत काल से है।

ब्राह्मण

ब्राह्मण व्याख्यात्मक टिप्पणियाँ हैं जो वेदों की विषयवस्तु को सरल करने के लिए लिखी गई हैं। प्रत्येक वेद के अपने ब्राह्मण हैं। ब्राह्मण वैदिक काल के सांस्कृतिक, राजनीतिक और सामाजिक जीवन के बारे में महत्त्वपूर्ण सूचनाएँ भी प्रदान करते हैं।

वेदों के आधार पर ब्राह्मण दैनिक कर्त्तव्यों को स्पष्ट करते हैं। कुछ ज्ञात ब्राह्मण हैं–

1. यजुर्वेद से संबंधित शतपथ ब्राह्मण।
2. अथर्ववेद से संबंधित घोपालय ब्राह्मण।
3. ऋग्वेद से संबंधित ऐतरेय ब्राह्मण।
4. सामवेद से संबंधित साम ब्राह्मण।

इनमें शतपथ ब्राह्मण सब से महत्त्वपूर्ण है। यह उस समय के मानव जीवन और समाज लगभग सभी पहलुओं पर व्यापक प्रकाश डालता है।

वेदों में शिक्षा (विद्या) का महत्त्वः
विद्या मोक्ष प्राणी का साधन

विद्यां चाविद्यां च यस्तद्वेदोभय ॅ सह।
अविद्यया मृत्युं तीर्त्वा विद्ययाऽमृतमश्नुते।। –यजुः० 40/14

जो मनुष्य विद्या और अविद्या के स्वरूप को साथ-साथ जानता हैए वह अविद्या अर्थात् कर्मोपासना से मृत्यु को तरके विद्या अर्थात् यथार्थ ज्ञान से मोक्ष को प्राप्त होता है।

विद्या के विषय में वेद में बहुत कुछ कहा है–

विद्या अनश्वर धन है।

न ता नशन्ति न दभाति तस्करो नासामामित्रो व्यथिरो दधर्षति।
देवांश्च याभिर्यजते ददाति च ज्योगित्ताभिः सचते गोपतिः सह।।

–अ० 4/21/3

विद्याएँ कभी नष्ट नहीं होती हैं, यह अनश्वर धन हैं। विद्या-धन को चोर चुरा नहीं सकते, दुःखदायी शत्रु भी इसका तिरस्कार नहीं कर सकते। विद्या धन वह धन है जिसके द्वारा देवयज्ञादि पञ्चयज्ञ किये जाते हैं और जिसका दान सर्वोत्तम है तथा इन्द्रियों के स्वामी जीवात्मा गोपति का निरन्तर इस विद्या के साथ सम्बन्ध रहता है अर्थात् मरने पर जीवात्मा के साथ केवल विद्या-धन ही जाता है, अन्य सारे सांसारिक ऐश्वर्य यहीं रह जाते हैं।

जीवन में माधुर्य लाती है।[1]

सरस्वती को एक माता के रूप में प्रशंसा करते हुए कहा गया है कि वह सारे सुख देती है, कल्याण करती है और सारे मनोरथ पूर्ण करती है।[2]

विद्या मानव को जीवन शक्ति, प्राणशक्ति, यश और प्रतिष्ठा देती है।[3]

सरस्वती अपने भक्तों की सभी कामनाएँ पूर्ण करती है।[4]

विद्या योगक्षेम (रायस्पोष) प्रदान करती है।[5]

---

1. अ० 7.68.1 से 3
2. यस्ते स्तनः शशयुः, मयोभूः, सम्नयुः, सुदत्रः०। अ० 7.10.1
3. प्राणाय भूरिधायसे, उभसचे०। अ० 6.41.2
4. सरस्वती दाशुषे वार्य दात्। अ० 18.1.41
5. रायस्पोषं यजमानाय धेहि। अ० 18.1.43

यह मानव को अक्षय वैभव और श्री प्रदान करती है।[1]

वैदिक शिक्षा में संयम (ब्रह्मचर्य) को बहुत महत्त्व दिया गया है। इस संयम के द्वारा ही मनुष्य मृत्यु पर विजय प्राप्त करता है और सदा हृष्ट-पुष्ट रहता है।[2]

वैदिक काल में शिक्षा के उद्देश्य

वेदों का गहन अध्ययन करने पर शिक्षा के निम्नलिखित उद्देश्य प्रकाश में आते हैं–

आचार शिक्षा और चरित्र-निर्माण

शिक्षा के उद्देश्य में अन्य महत्त्वपूर्ण तथ्य हैं–चरित्रनिर्माण, सत्यनिष्ठता, सत्याचरण। असत्य, झूठ, छल-प्रपंच आदि का परित्याग। जब तक चरित्रिक शुद्धि और परिष्कार नहीं होगा, तब तक विद्या फलीभूत नहीं होगी। अतएव यजुर्वेद में कहा गया है कि–मैं असत्य को छोड़कर सत्य को अपनाता हूँ।[3]

विद्या और बुद्धि का समन्वय

विद्या के साथ व्यावहारिक बुद्धि का होना आवश्यक है। व्यवहार-शून्य और लौकिक ज्ञान-शून्य विद्या को विद्या नहीं कहा जा सकता है। अतः वेद का कथन है कि सरस्वती (विद्या) के साथ धी (व्यवहार-बुद्धि) आवश्यक है।[4]

अध्यात्म और भौतिकवाद के समन्वय का मूल्य निर्माण करना

वेद अध्यात्म और भौतिकवाद के समन्वय की शिक्षा देता है। यजुर्वेद औद ईश उपनिषद् का कथन है कि केवल भौतिकवाद या प्रकृतिवाद अनर्थ का कारण है और केवल अध्यात्म उससे भी अधिक अनर्थकारी है, अतः जीवन के समन्वित विकास के लिए दोनों का समन्वय अभीष्ट है। भौतिकवाद जीवन की ज्वलन्त समस्याओं को हल करता है और अध्यात्मक अमरत्व एवं आत्मिक शान्ति प्रदान करता है।[5]

---

1. रयिमक्षीयमाणम्। अ० 7.20.3
2. ब्रह्मचर्येण तपसा देवा मृत्युमुपाघ्नत। अ० 11.5.19
3. इदमहम् अनृतात् सत्यमुपैमि। यजु० 1.5
4. शं सरस्वती सह धीभिरस्तु। अ० 19.11.2
5. द्वे विद्ये वेदितव्ये .. परा यया तदक्षरम् अधिगम्यते। मुंडक उप० 1.1.4.5

ज्ञान और कर्म का समन्वय सिखाना

शिक्षा वही सफल होती है, जिसमें कर्मठता की दीक्षा दी जाती है। प्रगतिशील, कर्मठ एवं सतत संघर्षशील बनाना शिक्षा का लक्ष्य है। अतएव अथर्ववेद में कहा गया है कि मेरी बुद्धि सदा कर्मठ रहे।[1]

एक अन्य मंत्र में कहा गया है कि देवता पुरुषार्थी को चाहते हैं, अकर्मण्य को नहीं।[1]

तप और दीक्षा (अनुशासन और समर्पण) मूल्यों का विकास करना

अथर्ववेद ने तप (अनुशासन Discipline) और दीक्षा (समर्पण, Dedication) को राष्ट्रीय उन्नति का आधार बताया है और कहा है कि इससे ही राष्ट्र, समाज और व्यक्ति की उन्नति होती है।[2]

जीवन को तपस्वी बनाना

शिक्षा का उद्देश्य है– जीवन को सधा हुआ बनाना। तप और साधना से ही जीवन सधा हुआ बनता है। इसके लिए साधारण और कठिन साधनाएँ करनी पड़ती हैं। अत: अथर्ववेद का कथन है कि तपस्वी जीवन व्यतीत करते हुए, वेदों को पढ़ते हुए, दीर्घायु और मेधावी हों।[3]

बुद्धि का परिष्कार और बौद्धिक विकास

अथर्ववेद का कथन है कि शिक्षा का उद्देश्य है– व्यक्ति की बुद्धि को विकसित करना, उसे परिष्कृत करना, उसे तीक्ष्ण बनाना. उन्नति की ओर ले जाना और महान् सौभाग्य प्राप्त करना।[4]

व्रत और श्रद्धा का विकास

किसी एक लक्ष्य को लेकर उसके प्रति समर्पित भाव से जुट जाना व्रत है। यजुर्वेद में व्रत को जीवन की आधारशीला बताते हुए कहा गया है कि व्रत से मनुष्य दीक्षित होता है, दीक्षा से दाक्षिण्य या प्रवीणता आती है, उस दक्षता के कारण ही मनुष्य में श्रद्धा उत्पन्न होती है और श्रद्धा से ही जीवन के लक्ष्य-रूप सत्य-ब्रह्म की प्राप्ति होती है।[5]

---

1. इच्छन्ति देवा: सुन्वनतम्०। अ० 20.18.3

   अविद्यया मृत्युं तीर्त्वा, विद्ययाऽमृतमश्नुते। यजु० 40.14 । ईश०उप० 11

2. भद्रमिच्छन्त ऋषय: .. तपो दीक्षाम् उपनिषेदुरग्रे। अ० 19.41.1
3. तपस्तप्यामहे .. श्रुतानि शृण्वन्त: ... सुमेधस:। अ० 7.61.2
4. वर्धयैनं ज्योतयैनं महते सौभगाय। संशितं चित् संतरं सं शिशाधि। अ० 7.16.1
5. व्रतेन दीक्षामाप्नोति, दीक्षयाप्नोति दक्षिणाम्।

   दक्षिणा श्रद्धामाप्नोति, श्रद्धया सत्यमाप्यते।। यजु० 19.30

ज्ञान-ज्योति प्रज्वलित करना

ऋग्वेद में शिक्षा का उद्देश्य बताया गया है–अज्ञानी को ज्ञान-ज्योति देना, उसके अज्ञानान्धकार को दूर करना, निष्क्रिय और निश्चेष्ट को सक्रिय और सचेष्ट बनाना तथा प्रबुद्ध बनाना।[1]

लोकहितकारी सद्बुद्धि देना: शिक्षा के सामाजिक उद्देश्य की ओर संकेत करते हुए यजुर्वेद में कहा गया है कि शिक्षा के द्वारा ऐसी सुमति (सद्बुद्धि) प्राप्त हो, जो विश्वजनीन हो अर्थात् जिससे संसार का कल्याण कर सकें।[2]

चिन्तन-शक्ति को बढ़ाना

शिक्षा का उद्देश्य है– मनुष्य में विचार-शक्ति, मननशक्ति, चिन्तन-शक्ति और कर्तव्याकर्तव्य के निर्धारण करने वाली विवेक शक्ति को जागृत करना और बढ़ाना। ऋग्वेद का इसके साथ ही आदेश है कि स्वयं में दिव्य गुणों का विकास करके दूसरों में भी दैवी गुणों का विकास करो।[3]

अज्ञान और अशिक्षा का उन्मूलन करना

ऋग्वेद ने शिक्षा के उद्देश्य के रूप में कहा है कि इसके द्वारा अज्ञान और अविद्या को दूर किया जाये, अन्धविश्वास अपराधी प्रवृतियों आदि को दूर किया जाये तथा जीवन को सुखमय बनाया जाये।[4]

वेदों में समाजशास्त्र, अर्थशास्त्र और शिक्षाशास्त्र' डॉ. कपिलदेव द्विवेदी, 2002 (के आधार पर)

डॉ. राधा कुमुद मुखर्जी के अनुसार "ज्ञान-प्राप्ति केवल ज्ञान प्राप्ति के लिए ही नहीं थी, और न धर्म का एक अंग ही थी, वरन् इसका प्रमुख उद्देश्य जीवन का चरम लक्ष्य 'मुक्ति' प्राप्त करना था।"

डॉ. ए.एस. अल्तेकर ने लिखा है, "ईश्वर भक्ति एवं धार्मिक भावना, चरित्र-निर्माण, व्यक्तित्व-विकास, नागरिक एवं सामाजिक मूल्यों का विकास, सामाजिक दक्षता का विकास तथा राष्ट्रीय संस्कृति का प्रचार एवं संरक्षण प्राचीन भारतीय शिक्षा के प्रमुख उद्देश्य तथा लक्ष्य थे।"

---

1. केतुं कृण्वन् अकेतवे, पेशो मर्या अपेशसे। ऋग्० 1.6.3
2. आहं वृणे सुमतिं विश्वजन्याम्। यजु० 17.74
3. मनुर्भव, जनया दैव्यं जनम्। ऋग्० 10.53.6
4. क्षिपद् अशस्तिम् अप दुर्मतिं हन्, अथा करद् यजमानाय शंयोः। ऋग्० 10.182.3

महिलाओं की शिक्षा पर बल तथा महिलाओं का गौरवपूर्ण स्थान

वेदों में नारी की शिक्षा, शील, गुण, कर्तव्य और अधिकारों का विशद वर्णन है। इस प्रकार का वर्णन संभवत: संसार के किसी भी धर्मग्रंथ में नहीं है। चारों वेदों में सैकड़ों नारी विषयक मंत्र दिए गए हैं, जिनसे स्पष्ट होता है कि वैदिक काल में नारी का समाज में विशेष स्थान था तथा पुरुषों की भाँति उन्हें जीवन के हर क्षेत्र में बराबर का स्थान प्राप्त था। वैदिक साहित्य के अध्ययन से ज्ञात होता है कि भारतवर्ष के समाज में नारियों को बहुत गौरवपूर्ण स्थान प्राप्त था। स्त्रियों की शिक्षा-दीक्षा की उत्तम व्यवस्था थी। स्त्रियाँ राजनीतिक, सामाजिक तथा प्रशासनात्मक कार्यों में महत्त्वपूर्ण भूमिका निभाती थीं।

ऋग्वेद में 24 और अथर्ववेद में 5 वैदिक विदुषियों का उल्लेख है। ऋग्वेद में इनके 422 मंत्र हैं। इनके नाम इस प्रकार हैं–सूर्यासावित्री (47 मंत्र), घोषा काक्षावती (28 मंत्र), सिकता निवावरी (20 मंत्र), इंद्राणी (17 मंत्र), यमी वैवस्वती (11 मंत्र), दक्षिणा प्रजापात्या (11 मंत्र), अदिति (10 मंत्र), वाक आम्मृणी (8 मंत्र), अपाला आत्रेयी (7 मंत्र), जुहू ब्रह्मजायो (7 मंत्र), अगस्त्यस्वसा (6 मंत्र), विश्ववारा आत्रेयी (6 मंत्र), उवर्वी (6 मंत्र), सरमा देवशुनी (6 मंत्र), देवजामय: इंद्रमातर: (5 मंत्र), श्रद्धा कामायनी (5 मंत्र), नदी (4 मंत्र), सर्पराज्ञी (3 मंत्र), गोधा (22 मंत्र), शश्वती आंगिरसी (23 मंत्र), वसुक्रपत्नी (24 मंत्र), रोमशा ब्रह्मवादिनी (5 मंत्र)।

अथर्ववेद में इनके नाम इस प्रकार हैं–सूर्यासावित्री (139 मंत्र), मातृनामा (40 मंत्र), इंद्राणी (11 मंत्र), देवजामय: (5 मंत्र) तथा सर्पराज्ञी (3 मंत्र)।

महिलाएँ उच्च शिक्षा भी प्राप्त करती थीं। महिलाओं को चारों कोनों से वेदों का अध्ययन करने का अवसर प्राप्त होना चाहिए। (अ. वे. XIV.1.64)। "वे बालिकाएँ जो ब्रह्मचर्य का पालन करते हुए वेदों का अध्ययन करती हैं और जिनमें पूर्णत: आत्म नियंत्रण है वे मनुष्य जाति की आभूषण हैं।" (ऋग्वेद I.79.1)

जिस प्रकार सूर्य का प्रकाश अन्धेरा दूर करता है तथा आनन्द देता है, उसी प्रकार विदुषी नारियाँ बालिकाओं की अज्ञानता को दूर करती हैं। उनका दृष्टिकोण विस्तृत करती हैं तथा आनन्द देती हैं। (यजुर्वेद 34.4)

विदुषी नारी पर हमारा सारा जीवन निर्भर है क्योंकि वह शिक्षा प्रदान करती हैं। (ऋग्वेद II.97.17)

यजुर्वेद में कहा गया है कि विदुषी नारी का विवाह उसी से हो जो स्वयं विद्वान हो।

शिक्षा से संबंधित संस्कार

प्राचीन काल में भारतीय विचारकों एवं ऋषि-मुनियों ने पूर्ण व्यक्तित्व के विकास के लिए, मानव को श्रेष्ठ बनाने के लिए, परिवार, समाज देश तथा संसार में सुख-शान्ति के लिए सोलह संस्कारों का प्रतिपादन किया। इनमें से कुछ का संबंध शिक्षा से जुड़ा हुआ है। उनका संक्षेप में यहां विवरण दिया जा रहा है।

गर्भ धारण संस्कार

कहा जाता है कि अभिमन्यु (महाभारत में एक पात्र) ने चक्रव्यूह भेदन गर्भावस्था में ही सीख लिया था। गर्भधारण का उल्लेख अथर्ववेद में कई स्थानों पर आया है। माना जाता है कि गर्भधारण के समय की मन की स्थिति का बच्चे पर बहुत प्रभाव पड़ता है। बच्चे के भविष्य-निर्माण में इसकी अहम भूमिका है। आने वाले जीव के भावी जीवन की नींव इसी अवस्था में पड़ जाती है। गर्भावस्था में पड़े संस्कार बच्चे की शिक्षा पर भी प्रभाव डालते हैं। इस अवस्था में माता के सोच-विचार तथा खानपान पर विशेष ध्यान देने की आवश्यकता होती है।

पुंसवन संस्कार

यह संस्कार गर्भ स्थिति का ज्ञान हुए समय से दूसरे व तीसरे महीने कराने का विधान है। इस संस्कार का उद्देश्य गर्भस्थ सन्तान में नीरोगता, सुन्दरता, तेजस्विता, तथा स्वरूपता आदि का विकास करना है।

सीमन्तोन्नयन संस्कार

सीमन्तोन्नयन शब्द दो शब्दों से बना है 'सीमन्त' तथा 'उन्नयन'। सीमन्त का अर्थ है 'मस्तिष्क' तथा उन्नयन का अर्थ है 'विकास'। अर्थात् यह संस्कार बच्चे के मानसिक विकास के लिए किया जाता है। यह संस्कार चौथे, छठे या आठवें महीने में किया जाता है।

उपनयन संस्कार

बालक की शिक्षा में इस संस्कार का विशेष महत्त्व है। उपनयन का अर्थ है 'उप' अर्थात् 'समीप' और 'नयन' अर्थात् 'ले जाना' इस प्रकार विद्याध्ययन के लिए बालक को गुरु अथवा आचार्य के पास ले जाना ही उपनयन है।

उपनयन संस्कार से बालक की शिक्षा-दीक्षा की प्रक्रिया आरम्भ होती है। उपनयन के पश्चात् ही व्यक्ति की 'द्विज' संज्ञा होती है। द्विज उसे कहा जाता है जिसका दूसरा जन्म हुआ हो। हमारा पहला जन्म तो माता-पिता के द्वारा होता है। आचार्य के 'गुरुकुल-रूपी गर्भ' में जाकर जब बालक पूर्ण रूप से शिक्षा-दीक्षा प्राप्त करता था तो उसे द्विज संज्ञा दी जाती थी। संस्कारों से व्यक्ति द्विज बनता है। इस संस्कार में आचार्य बालक को यज्ञोपवीत धारण कराता है। यज्ञोपवीत धारण करते समय जो मंत्र पढ़ा जाता है उसका अर्थ है, "यह यज्ञोपवीत अति पवित्र है। यह आयु तथा बल देने वाला है।"

उपनयन संस्कार का अर्थ इस प्रकार भी लिया जाता है कि आचार्य बालक को नयनों के ऊपर ज्ञानरूपी एक और नयन देता है। गुरु या आचार्य के समीप हो जाना ही उपनयन है। इस संस्कार के समय आचार्य अपने शिष्य को कहता है:

(मम व्रते ते हृदयं दधामि, मम चित्तं) अनुचित्त ते अस्तु।

मैं तुम्हारे हृदय को अपने हृदय में लेता हूँ। तुम्हारे चित्त को अपने चित्त में लेता हूँ।

बालक आचार्य से प्रार्थना करता है वह उसे ब्रह्मचर्य धारण कराए। आचार्य बालक को अपने सामने बिठा कर उसकी उन्नति के लिए संकल्प करता है।

आचार्य बालक को परीक्षण के लिए तीन दिन अपने पास रखता है। तत्पश्चात् उसका उपनयन संस्कार करता है।

यज्ञोपवीत के तीन धागे तीन ऋणों के प्रतीक हैं। ये ऋण हैं–ऋषि ऋण, देव ऋण तथा पितृ ऋण। यज्ञोपवीत धारण करते समय ही शिष्य पर इन ऋणों के चुकाने का उत्तरदायित्व आ जाता है।

वेदारम्भ संस्कार

उपनयन संस्कार के साथ ही वेदारम्भ संस्कार भी किया जाता है। वेदारम्भ तथा उपनयन संस्कार आपस में इतने मिलते-जुलते हैं कि इनमें भेद करना बहुत कठिन है। इस संस्कार का अर्थ है–वेद्-अध्ययन का आरम्भ करना, इस संस्कार में आचार्य अपने शिष्य को गायत्री मंत्र का उपदेश देता है। गायत्री मंत्र में किसी सांसारिक पदार्थ की कामना न करके सद्‌बुद्धि की कामना की गई है।

समार्वतन संस्कार अथवा दीक्षान्त संस्कार

यह संस्कार गुरुकुल में शिक्षा की समाप्ति पर होता था। इस संस्कार के पश्चात् विद्यार्थी स्नातक हो जाता था। इस अवसर पर आचार्य भावी जीवन के लिए उपदेश तथा आदेश देता था (इसका विवरण आगे दिया गया है)।

गुरुकुल शिक्षा व्यवस्था

गुरु शिक्षा व्यवस्था से अर्थ उस शिक्षा व्यवस्था से है जिसमें गुरु का घर ही स्कूल था। छात्र अपने गुरु के साथ रहकर शिक्षा ग्रहण किया करते थे।

गुरु अपने शिष्यों को अपनी सन्तान मानते थे। शिष्य भी गुरु को माता-पिता से बढ़कर मानता था। वह यह अच्छी तरह समझता था कि पिता ने तो उसे शरीर देकर मनुष्य ही बनाया है, परन्तु गुरु उसे मनुष्यत्व से ऊपर उठाकर देवत्व की ओर ले जाता है। वह गुरु के प्रति असीम प्रेम तथा श्रद्धा रखता था।

गुरु के कर्त्तव्य

गुरुकुल में प्रवेश देने के पश्चात् गुरु अपने छात्र के मानसिक, नैतिक और शारीरिक विकास का पूरा ध्यान रखता था। उसके वस्त्र, भोजन, निवास, मनोरंजन आदि की व्यवस्था ठीक उसी प्रकार करता था जिस प्रकार माता-पिता अपने पुत्र के लिए करता है। वास्तव में शिष्य गुरु परिवार में आकर गुरु के पुत्र के समान ही हो जाता था।

गुरु का कर्त्तव्य केवल पढ़ाना ही नहीं था। उसका धर्म था कि वह प्रत्येक शिष्य को सदाचारी बनाये, उसके आचरण की रक्षा करे तथा उसका चरित्र गठन करे। गुरु परिवार में गरीब-अमीर का कोई भेदभाव नहीं था। सबके साथ एक जैसा बर्ताव किया जाता था। गुरु छात्रों के दुःख-सुख को अपना दुःख-सुख मानता था। गुरु छात्रों की त्रिशाला शान्त करता था।

आचार्य, गुरु अथवा शिक्षक के गुण

ऋग्वेद तथा अथर्ववेद मे आचार्य के निम्न गुणों का उल्लेख है–

1. संयमी हो।
2. ब्रह्मचर्य के नियमों का पालन करने वाला हो।
3. विविध विषयों का ज्ञाता हो।
4. कठोरता से अनुशासन का पालन कराने वाला हो।
5. शिष्यों को दुर्गुणों से दूर रखे।
6. शिष्यों को पापों से बचाए।
7. शिष्यों के दोषों को नष्ट करने वाला हो।
8. शिष्यों को शान्ति प्रदान करने वाला हो।
9. शिष्यों की बुद्धि बढ़ाने की क्षमता रखता हो।
10. शिष्यों को निरोगता प्रदान करने वाला हो।

11. शिष्यों के लिए भोजन, जलपान आदि की व्यवस्था करने में सक्षम हो।
12. में बुद्धि का भंडार हो।
13. अन्तर्ज्योति जागृत रहे।
14. विवेकशील हो।
13. चरित्रवान हो।
14. हृदय निर्मल हो।
15. भाषा पर अधिकार हो।
16. सदाचारी हो।
17. मननशील हो।
18. विचारक हो।
19. सदा जागरूक रहे।
20. वैज्ञानिक चिन्तन रखता हो।
21. दूरदर्शी हो।
22. प्रसन्नचित रहने वाला हो।
23. अभिमान रहित हो।
24. विविध विषयों का ज्ञाता हो।
25. विषय को मधुर बनाने वाला हो।
26. शिष्य को पुत्रवत समझे।
27. तत्वदर्शी हो।
28. परम्पराओं की रक्षा करने वाला हो।
29. छात्रों की जिज्ञासा शान्त करने वाला हो।
30. छात्रों के प्रश्नों का ठीक ठीक उत्तर देने वाला हो।

(ऋगवेद1.69.1, 3.29.5, 7.76.4, 8.3.3, 9.87.3, 9.97.37, 9.10.7.7, 10.53.7, 10.56.1, 10.134.7, 10.177.1)

छात्र अथवा शिष्य का गुरु के आश्रम में जीवन

साधना अथवा तप का जीवन: शारीरिक विकास

प्रो. सत्यव्रत सिद्धान्तालंकार ने अपनी पुस्तक 'वैदिक विचारधारा का वैज्ञानिक आधार (1981)' में आश्रम जीवन पर इस प्रकार प्रकाश डाला है।

गुरुकुल में प्रवेश का अभिप्राय है–गुरु के आश्रम में प्रविष्ट होना। 'आश्रम' का अर्थ है– जिसमें श्रम-ही-श्रम है, जिसमें आलस्य को स्थान नहीं, जिसमें हर समय सजग, सचेत रहना पड़ता है, जिसमें लगन-ही-लगन है, परिश्रम-ही-परिश्रम

है, वैदिक परिभाषा में जिसमें 'तपस्या' है। गुरुकुलवास को ब्रह्मचर्याश्रम कहा गया है। आश्रम का मूलभूत भाव 'श्रम' या 'तपस्या' है। ब्रह्मचारी को गुरुकुलाश्रम में प्रवेश करते ही माता-पिता तथा आश्रम में उपस्थित जनता के समक्ष जो उपदेश दिये जाते हैं, उनका मूल आधार 'तपस्या' है। बालक को कहा जाता है–**'कर्म कुरु', 'दिवा मा स्वाप्सी:', 'क्रोधानृपे वर्जय', 'उपरि शय्यां वर्जय'**– काम करते रहना, श्रम का जीवन बिताना, निठल्ले मत रहना, रात को सोना, दिन सोने के लिए नहीं काम करने के लिए है, क्रोध मत करना, झूठ मत बोलना, गदेलों पर मत पड़े रहना, तपस्या का जीवन बिताना। शिक्षा के जिस उद्देश्य को सामने रखकर वैदिक कुरुकुल-प्रणाली की नींव रखी गई थी उसका आधार 'तपस्या' था। अथर्ववेद के ग्यारहवें काण्ड के 'ब्रह्मचर्य-सूक्त' के 26 मन्त्रों में 15 वार 'तप' शब्द का प्रयोग हुआ है। 'स आचार्यं तपसा पिपर्ति', 'ब्रह्मचर्येण तपसा देवा मृत्युमुपाध्नत'– ब्रह्मचारी तप से जीवन की साधना करता है। तपकर ही कच्चा लोहा पक्का बनता है, भट्टी में तपकर ही सोना कुन्दन बनता है, तपस्या की आग में से गुजरकर ही इन्सान बनता है।

समानता का भाव

गुरुकुल में ऊँच-नीच तथा अमीर-गरीब का भेद मिट जाता है। आश्रम में आकर सब एक स्तर पर पहुँच जाते हैं–न कोई अमीर, न गरीब, न ऊँचा, न नीचा, सब बराबर, सब भाई-भाई। जब अमीरी-गरीबी शिक्षा-संस्था में चल रही हो, जब शिक्षा-संस्था में ही कोई गुप्त, कोई शुक्ल हो, तो यही लोग जब समाज में जायेंगे तब अमीरी-गरीबी, जात-बिरादरी को समाज में क्यों न ले जायेंगे? शिक्षा-संस्था में आकर किसी प्रकार का भेद-भाव नहीं रह सकता, 'गुरुकुल' शब्द का आधारभूत तत्त्व ही यह है। अगर शिक्षण-संस्था में किसी प्रकार का भेद-भाव रहता है, तो वह कूड़े में फेंक देने लायक है। हम समाजवाद की बढ़-चढ़कर चर्चा करते हैं, परन्तु स्मरण रखना होगा कि केवल पत्तों पर जल छिड़कने से वृक्ष हरा नहीं होता, जड़ में जल देने से ही वृक्ष में छटा आती है, पत्ते हरे होते हैं, फूल खिलते हैं, फल लगते हैं। बचपन में ही समाजवाद का भाव डालना वृक्ष की जड़ को सींचना है।

ब्रह्मचर्य व्रत

जो गुरु के आश्रम में आता है वह ब्रह्मचारी है। गुरुकुल-शिक्षा-पद्धति में प्रत्येक बालक को जो गुरुकुल में प्रविष्ट होता है 'ब्रह्मचारी' कहा जाता है, सिर्फ विद्यार्थी ही नहीं, क्योंकि प्रत्येक के सामने जीवन में महान् होने का, बड़े होने का संकल्प शिक्षा के प्रारम्भ होने के दिन से ही रख दिया जाता है। इस शब्द का एक रूढ़ि अर्थ भी है, और वही अर्थ अधिक प्रसिद्ध है। रूढ़ि अर्थ

में शरीर की भौतिक शक्ति को–वीर्य को–नष्ट न होने देना, शुद्ध चाल-चलन रखना, सदाचार का जीवन व्यतीत करना 'ब्रह्मचर्य' कहलाता है। इस दृष्टि से 'ब्रह्मचारी' शब्द के आध्यात्मिक तथा आधिभौतिक–ये दो अर्थ हैं। वैदिक शिक्षा की वैदिक विचारधारा के अनुसार गुरुकुलों का लक्ष्य बचपन से ही बालक के सामने दो उद्देश्य स्पष्ट रूप में रख देना था–बालक को आध्यात्मिक संस्कृति के रंग में रंगना होगा–यह वैदिक-शिक्षा का पहला उद्देश्य था जो 'ब्रह्मचारी' शब्द के यौगिक अर्थ में निहित है; बालक को अपने शरीर की भौतिक शक्ति का संचय करना होगा, वीर्य को नष्ट नहीं होने देना होगा, सदाचार का जीवन बिताना होगा–यह वैदिक शिक्षा का दूसरा उद्देश्य था, जो 'ब्रह्मचारी' शब्द के रूढ़ि अर्थ में निहित है।

छात्रों के गुण तथा उत्तरदायित्व

ऋग्वेद तथा अथर्ववेद में निम्न प्रकार के गुणों का उल्लेख है जो छात्र में होने चाहिए–

1. जिज्ञासु हो।
2. कर्मठ हो।
3. आज्ञाकारी हो।
4. दत्त चित हो।
5. संयमी हो।
6. गुरु में पूर्ण आस्था रखे।
7. परिश्रमी हो।
8. साधना करने वाला हो।
9. ब्रह्मचर्य के सभी गुणों को धारण करने वाला हो।
10. ब्रह्ममूर्त में उठे।
11. वाणी पर नियन्त्रण रखे।
12. माता-पिता तथा आचार्य को देवता समान समझे।
13. स्मरण शक्ति बढ़ाए।
14. प्रबुद्ध हो।
15. जन-कल्याण का कार्य करने वाला हो।
16. गुरु से ज्ञान प्राप्ति के लिए प्रयत्नशील रहे।
17. एकाग्रता हो।
18. काम भावना से मुक्त रहे।

19. गुरु-परिवार की सेवा करे।
20. आलस्य न हो।
21. वाणी पर नियन्त्रण रखे।
22. नियमित यज्ञ के द्वारा तेजस्वी होना।
23. कटि मेखला अर्थात कटिसूत्र धारण करना।
24. तपस्वी का तपोमय जीवन व्यतीत करना।
25. अपनी साधना से आचार्य को सन्तुष्ट रखना।
26. अपने मन को पवित्र रखना।
27. अपनी वाणी को पवित्र रखना।
28. अपने हृदय को पवित्र रखना।
29. अपनी बुद्धि को पवित्र रखना।
30. गुरु से जो विद्या प्राप्त करे और उसकी रक्षा करे।

शिक्षण विधियाँ

वैदिक काल में निम्नलिखित शिक्षण विधियों को प्रयोग में लाया जाता था।

मौखिक शिक्षण

शिक्षण विधि मुख्यत: मौखिक थी। वेद-मन्त्र मौखिक विधि से ही पढ़ाए जाते थे। लिखे नहीं जाते थे। मौखिक विधि से ही अर्थ बताया जाता था।

अनुपाठ

फिर वेदों के उच्चारण, पढ़ने के ढंग आदि का भी अर्थ से कम महत्त्व न था क्योंकि वेद का अशुद्ध पाठ घातक माना जाता था। इन्हें पढ़ाने से पहले कई दिन शिक्षक स्वर, छन्द आदि का ज्ञान कराकर एक-एक पद विद्यार्थियों के सामने पढ़कर सुनाता था, जिसे वे ठीक उसी प्रकार दोहराते थे। इस समय अध्यापक तथा शिष्य जमीन पर सीधे बैठते थे। शिष्यों के आग्रह पर ही अध्यापन आरंभ होता था। इस विधि में वेद-पाठ के बाद उनका अर्थ बताया जाता था। उसकी विधि यह थी कि कोई कठिन पद आने पर आचार्य उसका अर्थ प्रथम विद्यार्थियों से पूछता था, यदि वह बता दे तो आगे बढ़ता, नहीं तो स्वयं उसे स्पष्ट करता। इस ढंग की शिक्षा में आत्मीयता प्रधान थी क्योंकि गुरु की कृपा पर ही शिक्षा अवलंबित थी। स्मरणशक्ति अत्यन्त प्रबल होती थी और सम्पूर्ण ज्ञान प्रत्येक समय व्यवहार के लिये प्रस्तुत रहता था।

टीका

अर्थ समझाने में तथा सिद्धान्तों को बताने में विशद टीका की जाती थी। दर्शन तथा सूत्र-साहित्य तो इसके बिना समझ में आ ही न सकता था। आवश्यकतानुसार उपमा, उत्प्रेक्षा, कहानी आदि की सहायता अध्यापक भी लेते थे।

कहानी

धर्मशास्त्र, नीतिशास्त्र आदि पढ़ाने में तो आख्यायिकाओं का बड़ा हाथ रहता था।

शंका-समाधान

प्रमुख पाठनविधि शंका-समाधान वाली विधि थी। विद्यार्थी अस्पष्ट तथा संदिग्ध सिद्धान्तों तथा भागों पर प्रश्न करते थे और आचार्य उन्हें स्पष्ट करता था।

भाषण

इस विधि में आचार्य स्वयं ही प्रमुख बातों पर भाषण देता था जिसे सभी छात्र सुनते तथा लाभ उठाते थे। भाषण के बाद तत्सम्बन्धी शंकायें भी स्पष्ट की जाती थीं।

अभ्यास

व्यावसायिक शिक्षा में अभ्यास का मुख्य स्थान था, यथा आयुर्वेद में बीमारों की देखरेख, दवायें ढूँढना, धनुर्वेद में हथियारों का अभ्यास आदि।

श्रवण-मनन तथा तप

अध्ययन की विधियों में मुख्य था गुरु के पढ़ाये पाठ को दोहराना। साथ ही अन्य विद्यार्थियों में शास्त्रार्थ अथवा बातचीत द्वारा अर्थ समझने तथा शंका-निवारण का प्रयास होता था। इस प्रकार श्रवण और बाद में उस पर तथा विशेषतया अस्पष्ट अंगों पर मनन; तथा अन्त में निदिध्यासन के द्वारा उसे सिद्ध कर लेना वैदिक शिक्षा के लिये आवश्यक थे। अध्ययन की एक प्रमुख विधि तप, उपासना अथवा योग था। श्रुतर्षियों ने तप तथा श्रवण द्वारा ऋषित्व प्राप्त किया था।

देश-पर्यटन तथा शास्त्रार्थ

देश-पर्यटन तथा अन्य विद्वानों से मिलना, शास्त्रार्थ करना तथा ज्ञान-चर्चा करना भी भारतीय शिक्षा-पद्धति में प्रमुख स्थान रखते थे।

वेदों में शिक्षा मनोविज्ञान

वेदों का गहन अध्ययन करने वाले प्रसिद्ध विचारक तथा लेखक डॉ. कपिलदेव द्विवेदी ने वेदों में शिक्षा मनोविज्ञान का निम्नलिखित विवरण दिया है–

मनसे चेतसे धिय आकूतय उत चित्तये।
मत्यै श्रुताय चक्षसे विधेम हविषा वयम्।। अथर्व० 6.41.1

इस मंत्र में इन शब्दों से मनोविज्ञान के इन विषयों का संकलन है:

1. **मनसे:** मन:शक्ति, मन के गुण। संवेदना (Sensation) और प्रेरणा (Motivation)।
2. **चेतसे:** चित्त के गुण–धर्म। चेतना (Consciousness) और चिन्तन (Thinking)।
3. **धिये:** धी के गुण–धर्म। ध्यान या अवधान (Attention)।
4. **आकूतये:** मन: संवेग और आन्तरिक क्रियाकलाप। अनुभूति (Feeling) और संवेग (Emotion)।
5. **चित्तये:** संज्ञान और चेतना से संबद्ध गुण–धर्म। स्मरण (Remembering) और उसी का अभावपक्ष विस्मरण (Forgetting)।
6. **मत्यै:** मति का क्रियाकलाप। बुद्धि (Intelligence)।
7. **श्रुताय:** श्रवण और ज्ञानवर्धन से संबद्ध क्रियाकलाप। पठन एवं शिक्षण (Learning)।
8. **चक्षसे:** चक्षु से संबद्ध क्रियाकलाप, दर्शन या प्रत्यक्षीकरण (Perception)।

इहलोक तथा प्रलोक के सन्दर्भ में शिक्षा

कुछ विचारक वैदिक कालीन की शिक्षा की आलोचना करते हैं कि यह शिक्षा केवल परलोक के लिए थी। परन्तु यह केवल भ्रान्ति है। वैदिक काल में दोनों प्रकार अर्थात् 'परा' तथा 'अपरा' विद्या पर ध्यान दिया जाता था।

संसार में धन–धान्य तथा समृद्धि देने वाली 'अपरा' है तथा संसार के बन्धन, से मोक्ष दिलाकर परमात्मा की प्राप्ति कराने वाली 'परा' विद्या है।

आध्यात्मिकता का यह अर्थ नहीं कि संसार को हम मिथ्या कहें। धन–सम्पत्ति को बेकार कहें। इसका इतना ही अर्थ है कि मानव में शरीर यथार्थ है, परन्तु शरीर के साथ आत्मा भी यथार्थ है। जीवन का संचार करने वाला परमात्मा भी यथार्थ है।

कहा गया है–"संसार का भोग करो परन्तु संसार के भोग में ऐसे लिप्त न हो जाओ कि अपनी सुध-बुध ही भूल जाओ।" आत्मा शरीर के बिना, परमात्मा प्रकृति के बिना अपने चैतन्य-स्वरूप को प्रकट नहीं कर सकता है, इसलिए आत्मा के लिए शरीर और परमात्मा के लिए प्रकृति का विकास उतना ही आवश्यक है जितना किसी कर्त्ता के लिए, कारीगर के लिए उसके साधन का, उपकरण का उत्तम से उत्तम होना आवश्यक है।

भारतीय दार्शनिकों ने कहा कि सच्ची संस्कृति वह है जो परलोक और इहलोक, अध्यात्म और भौतिक जीवन, आत्मा और शरीर–इन सबका समान रूप से हित और कल्याण सम्पादित करती है। यही कारण है कि ऋषियों ने यह प्रतिपादित किया था कि संसार का जो प्रत्यक्ष जीवन है, उसको जाने बिना मनुष्य सर्वदर्शी नहीं हो सकता। सम्पूर्ण या सर्व ज्ञान के लिए मनुष्य के लिए भौतिक जीवन का ज्ञान भी आवश्यक है। इहलोक के जीवन की उपेक्षा करके काम नहीं चल सकता। हमारा सांस्कृतिक दृष्टिकोण अधूरा रह जाता है यदि हम इहलोक की उपेक्षा पर केवल परलोक की ही कामना करें। मनुष्य को इस लोक और प्रत्यक्ष जीवन में जो सुख व कल्याण प्राप्त होता है, उसकी उपेक्षा करना उचित नहीं है।

वैदिक संस्कृति के अनुसार मनुष्य का सर्वांगीण विकास वांछनीय है। शरीर, मन और आत्मा, इहलोक और परलोक, भौतिक सुख और आध्यात्मिक संतोष–सब क्षेत्रों में एक साथ उन्नति द्वारा ही मनुष्य अपनी वास्तविक उन्नति कर सकता है। वैदिक संस्कृति के अनुसार मनुष्य जहाँ धर्म, अर्थ और काम को प्राप्त कर सकता है, वहाँ साथ ही मोक्ष को अपना अन्तिम उद्देश्य मानता है। केवल अर्थ और काम को प्राप्त करके या केवल मोक्ष की प्राप्ति में तत्पर होकर मनुष्य अपनी उन्नति नहीं कर सकता। धर्म पर चल कर अर्थ की उपलब्धि करने, धर्मानुसार काम का सेवन करने और मोक्ष को अन्तिम लक्ष्य बनाकर ही मनुष्य अपनी सर्वांगीण उन्नति कर सकता है–यही वैदिक संस्कृति का आधारभूत सिद्धान्त है।

आत्मा, परमात्मा, जीवन, पुनर्जन्म, मोक्ष आदि पर बल देने के साथ-साथ हमने भारतीय दर्शन के अन्य महत्त्वपूर्ण बिन्दुओं पर प्रकाश डालने का प्रयत्न किया है। भारतीय दार्शनिकों ने अच्छे तथा आदर्श जीवन पर पर्याप्त प्रकाश डाला है। 'अच्छे जीवन' के लिए चार तत्त्वों के उचित मिश्रण की अत्यन्त आवश्यकता है। ये हैं धर्म, (Righteousness), अर्थ (Wealth), काम (Work or Duty) तथा मोक्ष (Liberation from the Cycle of Births and Deaths – Oneness with God)। काम को पुरुषार्थ की भी संज्ञा दी जाती है।

वैदिक दर्शन ने मोक्ष को सबसे महत्त्वपूर्ण माना है। अन्य तीनों तत्त्व इसी लक्ष्य की प्राप्ति के साधन हैं। आध्यात्मवाद का दूसरा रूप मोक्ष ही कहा जा

सकता है। मोक्ष प्राप्ति के लिए आवश्यक है कि मानव अच्छे कर्म करे। जीवन में उच्च मूल्यों पर आचरण करे। अर्थ अथवा धन, मोक्ष प्राप्ति का साधन है, साध्य नहीं। यदि धन अच्छे तरीकों से कमाया जाए और अच्छे कार्यों पर खर्च किया जाए, तभी मोक्ष प्राप्त हो सकता है। मोक्ष प्राप्ति से जीवन संसार के दु:खों से छूट सकता है।

वैदिक कालीन शिक्षा की विशेषताएँ

ज्ञान के प्रति प्रेम

ऐसा कोई भी देश नहीं है, जहाँ ज्ञान के प्रति प्रेम का इतने प्राचीन समय में प्रारंभ हुआ हो, या जिसने इतना स्थायी और शक्तिशाली प्रभाव उत्पन्न किया हो। शिक्षा और ज्ञान भारतवासियों के लिए नवीन नहीं है।

शिक्षा का तात्पर्य

वैदिक युग से लेकर आज तक भारत में शिक्षा का मूल तात्पर्य यह रहा है कि शिक्षा प्रकाश का वह स्रोत है, जो जीवन के विभिन्न क्षेत्रों में हमारा सच्चा पथ-प्रदर्शन है। प्राचीन काल में भारतीयों का दृढ़ विश्वास था कि शिक्षा से विकसित बुद्धि ही यथार्थ बल है। उन्होंने दृढ़ता से कहा था कि शिक्षा कल्पवृक्ष के समान हमारे समस्त मनोरथों को सिद्ध करती है। विद्या के बिना मनुष्य पशु समझा जाता था।

प्राचीन काल में शिक्षा का तात्पर्य उस अन्तर्ज्योति और शक्ति से था जिससे मानव के शारीरिक, मानसिक, बौद्धिक तथा आत्मिक बलों का सन्तुलित विकास हो सकता था।

शिक्षा का उद्देश्य

शिक्षा जीवन के मूल लक्ष्य 'मोक्ष' की प्राप्ति का एक साधन था। इसी भावना से प्रेरित होकर प्राचीन काल में भारतीय ऋषियों ने शिक्षा को धार्मिक क्रियाओं रो ओत-प्रोत कर मानव के सर्वांगीण विकास की प्रेरणा दी। अत: ऐसा भी कहा जा सकता है कि ईश्वर-भक्ति तथा धार्मिकता की भावना, चरित्र-निर्माण, व्यक्तित्व का विकास, नागरिक तथा सामाजिक कर्त्तव्यों का पालन, सामाजिक कुशलता की उन्नति तथा राष्ट्रीय संस्कृति का संरक्षण और प्रसार प्राचीन भारत में शिक्षा के मुख्य उद्देश्य एवं आदर्श थे।

इस प्रकार वैदिक शिक्षा का उद्देश्य छात्र का सर्वांगीण विकास कर उसे समाज का सक्रिय एवं उपयोगी सदस्य बनाना था। वैदिक काल में बालक के

शारीरिक, मानसिक एवं नैतिक पक्षों का विकास कर उसे कुशल सामाजिक प्राणी बनाने का उद्देश्य प्रमुख था।

शिक्षा का संगठनः गुरुकुल प्रणाली

वैदिक काल में बालक की शिक्षा गुरुकुल में होती थी। वह गुरु के घर रहता था। किसी शिष्य को स्वीकार करना गुरु की इच्छा पर निर्भर रहता था। जो बालक शिष्य रूप में स्वीकार किया जाता, उसे कई नियमों एवं संस्कारों में होकर गुजरना पड़ता था।

माता-पिता के समान गुरु छात्रों का पालन-पोषण करता था। छात्र ब्रह्मचर्य व्रत धारण करके नियमित दिनचर्या व्यतीत करते थे तथा व्यावहारिक, मानसिक एवं नैतिक शिक्षा प्राप्त करते थे।

गुरुकुल सामान्यतः नैसर्गिक सौन्दर्य से सुरभित, नगर के कोलाहल से दूर, प्रकृति के सुरम्य कक्ष में स्थित होते थे। बड़े-बड़े गुरुकुलों के पोषण के लिए अनेक नृपति अपने गाँव के गाँव लगा देते थे। जिनकी आय से गुरुकुल अपना खर्चा चलाते थे।

पाठ्यक्रम

वैदिक काल में पाठ्यक्रम बहुत विस्तृत था। आध्यात्मिक और लौकिक, दोनों प्रकार की न्द्याओं, का समावेश पाठ्यक्रम में किया जाता था। पाठ्यक्रम में इन विषयों की शिक्षा दी जाती थी–चारों वेद, इतिहास और पुराण, व्याकरण, अर्थशास्त्र, शकुनविद्या, भूगर्भ विद्या, तर्कशास्त्र, आचार शास्त्र, भौतिकी, ब्रह्मविद्या प्राणिशास्त्र, सैन्य विज्ञान, शिल्प विज्ञान, संगीत शास्त्र एवं आयुर्वेद।

छात्र अपनी रुचि और सामर्थ्यानुसार किसी भी विषय का गहन अध्ययन कर सकते थे।

शिक्षण पद्धति

इस काल की अध्यापन विधि मौखिक थी। शिक्षण पद्धति में तीन क्रियाओं का समावेश होता था।

(क) श्रवण, (ख) मनन, (ग) निदिध्यासन।

श्रवण से स्मृति, एकाग्रता, उच्चारण कुशलता, समझ आदि गुणों का विकास होता था। मनन से तर्कशक्ति, न्याय, निर्णय शक्ति, विश्लेषण, संश्लेषण आदि गुणों का विकास होता था।

निदिध्यासन से आत्मानुभूति, आत्मपरिचय, आत्मालम्बन, आत्मानुशासन, आत्म-नियन्त्रण आदि मानसिक गुणों का विकास होता था।

मनन—वेद मन्त्रों के रहस्य तथा गूढ़ अर्थों का चिन्तन करना था।

निदिध्यासन—इसमें वेद रहस्य की आत्मानुभूति करना आवश्यक था।

अध्ययन के समय छात्र गुरु के वचन को ध्यानपूर्वक सुनते थे। गुरु के उच्चारण को सुनकर छात्र भी तद्नुसार उच्चारण करते थे और यही उच्चारण धीरे-धीरे ग्रन्थों के पाठ में बदल जाता था। छात्र गुरु वचनों को सुनकर वस्तु का मनन तथा निदिध्यासन करते थे। पाठ समाप्त होने पर शिष्य गुरु से प्रश्न पूछते और वे उत्तर देते थे। इस प्रकार अध्यापन में प्रश्नोत्तर प्रणाली प्रचलित थी।

चिन्तन, वाद-विवाद और स्वाध्याय विधियों का भी प्रचलन था।

गुरु शिष्य सम्बन्ध

जिस प्रकार प्रत्येक पिता अपने पुत्र के विषय में यही आकांक्षा करता है कि वह उससे अधिक सुखी तथा प्रभावशाली हो, उसी प्रकार गुरु भी यही आकांक्षा करता था कि उसका शिष्य प्रत्येक दृष्टि से अधिक समुन्नत हो।

व्यक्तिगत शिक्षण प्रणाली

सम्पूर्ण शिक्षा-प्रणाली व्यक्तिगत थी। गुरु और शिष्य एक-दूसरे के व्यक्तित्त्व को पहचानते और एक-दूसरे के विचारों का सम्मान करते थे।

शिक्षण काल

शिक्षा-काल सामान्यत: 12 वर्ष का होता था। छात्र अपनी इच्छा से अधिक समय भी लगा सकता था।

स्त्री शिक्षा

वैदिक काल में स्त्री शिक्षा का प्रचलन था। बालिकाओं को बालकों के समान ही शिक्षा दी जाती थी। वेदों में 29 स्त्रियों के नाम मिलते हैं जिन्होंने वेद मन्त्र लिखे थे।

परीक्षा प्रणाली

शिक्षा प्राप्ति पर विशेष परीक्षाओं का प्रबन्ध न था। गुरु का संतोष ही सबसे बड़ी परीक्षा थी। गुरु प्रतिदिन जो भी पढ़ाते थे उसे अगले दिन प्रत्येक विद्यार्थी से सुनते थे। पूर्ण सन्तुष्ट होने पर अगला पाठ शुरू किया जाता था। इस प्रकार प्रत्येक छात्र की व्यक्तिगत योग्यता की ओर ध्यान दिया जाता था। प्रत्येक विद्वान को सदैव शास्त्रार्थ के लिए प्रस्तुत रहना पड़ता था। प्रसिद्ध विद्वानों द्वारा ही किसी भी स्नातक के ज्ञान का अनुमान लगा लिया जाता था।

अनुशासन

इस काल में आत्मानुशासन को ही उत्तम अनुशासन समझा जाता था। इन्द्रिय निग्रह पर बल दिया जाता था। गुरुकुल में 'सादा जीवन, उच्च विचार' को मानकर रहना पड़ता था।

निःशुल्क शिक्षा

ब्राह्मणों का कर्त्तव्य शिक्षा देना समझा जाता था। जब तक एक शिष्य शिक्षा का अर्जन करता रहता था तब तक गुरु उससे किसी प्रकार की फीस स्वीकार नहीं कर सकता था।

बाह्य नियंत्रण से मुक्ति

प्राचीन भारत में शिक्षा पर राज्य अथवा सरकार का नियंत्रण नहीं था। राजा का यह कर्त्तव्य था कि वह इस बात को देखे कि विद्वान पंडित बिना किसी विघ्न के अध्यापन कार्य में लगे रहें।

जनसाधारण की शिक्षा

प्रत्येक बालक की शिक्षा का प्रबन्ध था। निर्धनता उच्चतम शिक्षा पाने में किसी प्रकार से रुकावट नहीं डाल सकती थी। कई राजा इस प्रकार का दावा कर सकते थे कि उनके राज्य में कोई अशिक्षित नहीं है। इस शिक्षा पद्धति की एक प्रमुख विशेषता यह थी कि वह राजा-महाराजाओं की सहायता अथवा कृपा पर ही आश्रित न थी। जनसाधारण, अध्यापकों तथा छात्रों का इसमें विशेष हाथ था।

शिक्षा में दण्ड

असाधारण परिस्थितियाँ आ जाने पर गुरु अपने शिष्यों को शारीरिक दण्ड भी देता था। कभी-कभी दण्ड कठोर भी बहुत होता था।

गुरुदक्षिणा

शिक्षा समाप्त होने तथा समावर्तन के उपरान्त शिष्य का कर्त्तव्य था कि वह गुरु को दक्षिणा द्वारा प्रसन्न करे। स्नातकों के लिये यह अपमान की बात थी कि उन्होंने दक्षिणा न दी हो। इसके लिए उन्हें अन्तिम बार भिक्षा माँगने का भी अधिकार था। गृहस्थ तथा राजा-महाराजे ऐसी भिक्षा के लिये 'नहीं' न कर सकते थे। अधिकतर स्नातक के घरवाले ही इसे प्रस्तुत कर देते थे।

वैदिक शिक्षा के गुण–दोष तथा देन

वैदिक शिक्षा के गुण

वैदिक शिक्षा प्रणाली समाज की आवश्यकतानुसार थी। शिक्षा को मनुष्य की 'तीसरी आँख' कहा जाता था। व्यक्तित्व के विकास पर बल दिया जाता था। शिक्षा बिना किसी भेदभाव से उपलब्ध थी। अमीर–गरीब का कोई अन्तर नहीं था। जीवनपर्यन्त शिक्षा थी।

शिक्षा गुरु के घर पर दी जाती थी जिसे प्रायः गुरु–आश्रम या गुरुकुल कहा जाता था।

पाठ्यक्रम विस्तृत था। यद्यपि यह आध्यात्मिकता पर आधारित था परन्तु व्यावसायिक भी था।

मूल्य शिक्षा को शिक्षा का अभिन्न अंग माना जाता था। गुरु तथा शिष्य का निकटतम सम्बन्ध था।

शिक्षा प्रकृति की गोद में दी जाती थी।

वैदिक शिक्षा की सीमाएँ

1. शिक्षा में अधिकतर जड़ता थी,
2. अनुशासन बहुत कठोर था,
3. रटने पर ज़ोर था,
4. इहलोक की शिक्षा पर उचित बल नहीं दिया जाता था,
5. धार्मिक अनुष्ठानों की भरमार थी।

वैदिक शिक्षा की विशेषताएँ जो वर्तमान में अपनायी जा सकती हैं

1. गुरु–शिष्य में निकटता,
2. कक्षाओं का छोटा आकार,
3. अनुशासन पर उचित बल,
4. प्रभावी नैसर्गिक वातावरण,
5. मूल्य शिक्षा को महत्त्व देना,
6. छात्रों का सतत् मूल्यांकन,
7. गुरु अथवा शिक्षकों का समाज में आदर का स्थान होना।

2

उत्तर वैदिक काल में शिक्षा

(Education in the Later Vedic Period)

वीरगाथा काल/उत्तर वैदिक काल कूा अर्थ

कभी-कभी उत्तर वैदिक काल और वीरगाथा काल अलग-अलग काल के रूप में समझे जाते हैं और कभी-कभी उनका तात्पर्य एक ही काल से होता है। कुछ विद्वानों ने ऋग्वेद काल को अन्य तीनों वेदों के काल से भिन्न माना है। अत: वे उत्तर वैदिक काल में केवल उसी समाज को समाहित करते हैं जिसका उल्लेख परवर्ती तीन वेदों में किया गया है। तथापि, वैदिक काल को एक दूसरे से बिलकुल भिन्न कालों अर्थात् ऋग्वेद काल में और ऋग्वेद को छोड़कर अन्य तीनों वेदों के काल को व्यक्त करने वाले उत्तर वैदिक काल में विभाजित करना अत्यंत कठिन है। अत: हमने उत्तर वैदिक काल की व्याख्या वीरगाथा काल के रूप में करने का प्रयास किया है।

उत्तर वैदिक साहित्य

उत्तर वैदिक काल में प्राय: वेदांग अर्थात् उपनिषद, महाकाव्य और भागवत गीता शामिल हैं। इस साहित्य में स्मृतियों को भी शामिल किया गया है।

वेदांग (वेदों के अंग स्वरूप कुछ ग्रंथ)

ये सहायक ग्रंथ हैं जो वेदों में निहित शब्दों का सही रूप में उच्चारण करने और अर्थ समझने में सहायता करते हैं। इनकी संख्या छह है–

1. शिक्षा (स्वर विज्ञान या वर्तनी का विज्ञान), 2. छंद, 3. व्याकरण, 4. निरुक्त या व्युत्पत्ति,5. ज्योतिष, 6. कल्प या धर्मविधि।

उपवेद: चार हैं जो निम्नलिखित चार विषयों से संबंधित हैं–

(क) आयुर्वेद या औषधि

(ख) धनुर्वेद या युद्धशास्त्र

(ग) गंधर्ववेद या संगीत

(घ) शिल्पवेद या वास्तुशिल्प और कला।

महाकाव्य – दो महाकाव्य, वाल्मीकि कृत रामायण और वेदव्यास कृत महाभारत, हिंदुओं के सर्वाधिक लोकप्रिय ग्रंथ हैं जो लोगों की आर्थिक, सामाजिक, धार्मिक और राजनीतिक अवस्था की सम्पूर्ण जानकारी प्रदान करते हैं। इनका काल आमतौर पर ईस्वी सन की चौथी शताब्दी और दूसरी शताब्दी के बीच माना जाता है।

डॉ. आर.सी. मजूमदार के शब्दों में, "रामायण और महाभारत ने भारतीयों के चरित्र और उनकी सभ्यता को जिस प्रकार से एक साँचे में ढाला है वैसा विश्व के किसी भी भाग में किसी भी साहित्यिक कृति द्वारा नहीं किया गया है।"

उपनिषद (Upanishad)

उपनिषद: अर्थ और महत्त्व

उपनिषद दो शब्दों अर्थात् उप और *निषद* के मेल से बना है। यहाँ उप का अर्थ है निकट और *निषद* का अर्थ है बैठना। अत: उपनिषद का अर्थ है छात्र का अपने आध्यात्मिक गुरु के निकट दिव्य उपदेश सुनने के लिए श्रद्धा-आस्थापूर्वक बैठना। वैदिक साहित्य में वेदों के बाद उपनिषदों का ही महत्त्व है।

शोपेनहावर के शब्दों में, सम्पूर्ण विश्व में उपनिषदों के समान लाभकारी और आत्मा को उन्नत बनाने वाला कोई अन्य ग्रंथ नहीं है। इससे मुझे जीवन में शान्ति मिली है और मुझे मृत्यु में भी शान्ति मिलेगी। प्रो. मैक्समूलर के अनुसार, यदि शोपेनहावर के इन शब्दों को समर्थन की आवश्यकता पड़ती है तो उपनिषदों के अध्ययन के लिए समर्पित अपने इस दीर्घ जीवन के अनुभव से मैं स्वेच्छापूर्वक इसे अपना समर्थन दे सकता हूँ। मुगल बादशाह शाहजहाँ के पुत्र दारा शिकोह उपनिषद के दर्शन से इतना प्रभावित थे कि उन्होंने उपनिषदों का फारसी में अनुवाद किया। अपने अनूदित ग्रंथ की भूमिका में उन्होंने लिखा, "मैंने अनेक धार्मिक ग्रंथों का अध्ययन किया है किन्तु मुझे शान्ति केवल उपनिषदों के अध्ययन से ही मिली।"

उपनिषद संतों और ऋषियों द्वारा रचित ग्रंथ हैं। इनमें मुख्य रूप से आत्मा और परमात्मा तथा उनके बीच के परस्पर संबंध की विवेचना की गई है।

स्मृति में उपनिषदों की संख्या एक सौ आठ बताई जाती है तथापि इनमें से निम्नलिखित ग्यारह उपनिषद मुख्य हैं–

1. ईश उपनिषद, 2. केन उपनिषद, 3. कठ उपनिषद, 4. प्रश्न उपनिषद, 5. मुंडक उपनिषद, 6. मांडूक्योपनिषद, 7. छांदोग्य उपनिषद, 8. वृह्दारण्यक उपनिषद, 9. ऐतरेय उपनिषद, 10. तैत्तिरीय उपनिषद, और 11. श्वेताश्वतर उपनिषद।

ईश उपनिषद के आरंभिक छंद में ही सभी उपनिषदों का केन्द्रीय भाव प्रस्तुत किया गया है अर्थात् चराचर जगत में सभी मूर्त-अमूर्त वस्तुओं की आध्यात्मिक एकता और एकात्मकता के बारे में बताया गया है।

उपनिषद मनुष्य की परम सत्य की अवधारणा को परिशुद्ध करता है। कठ उपनिषद का विशेष आकर्षण है कि इसमें गुरु, यम और छात्र नचिकेता के बीच संवाद के रूप में चित्राकर्षक काव्य और अगाध दर्शन का सुखद सम्मिश्रण प्रस्तुत किया गया है। प्रश्न उपनिषद में, जैसा कि इसके नाम से ही स्पष्ट है, वेदांत पर प्रश्नों का समावेश किया गया है। मुंडक उपनिषद सभी प्रकार के ज्ञान को परा या श्रेष्ठ और अपरा या निकृष्ट दो वर्गों में विभाजित करता है।

मांडूक्योपनिषद में आत्मा पर प्रकाश डाला गया है। छांदोग्य उपनिषद में मनुष्य की आध्यात्मिक शिक्षा और भौतिकवाद से ऊपर उठकर आध्यात्मिक दिशा में उसकी प्रगति का प्रभावोत्पादक विवरण प्रस्तुत किया गया है।

वृहददारण्यक उपनिषद, जो उपनिषदों में सबसे वृहत उपनिषद हैं, में चार महान विभूतियों का वर्णन किया गया है। ये चार महान विभूतियाँ हैं–दार्शनिक राजा जनक, दार्शनिक महर्षि याज्ञवल्क्य, महर्षि याज्ञवल्क्य की विदुषी दार्शनिक पत्नी मैत्रेयी तथा वक्तृत्व-कला की धनी और ब्रह्मवादिनी गार्गी। इस उपनिषद में इन महान विभूतियों द्वारा की गई विशद परिचर्चाओं के माध्यम से मनुष्य के देवत्व की प्रकृति तथा इस सम्पूर्ण ब्रह्मांड की ब्रह्मा में आध्यात्मिक एकात्मकता की व्याख्या की गई है। ऐतरेय उपनिषद में मनुष्य के आत्मा की प्रकृति पर चर्चा की गई है। तैत्तिरीय उपनिषद में ब्रह्मा की वैज्ञानिक परिभाषा देते हुए कहा गया है कि इनसे सभी मनुष्यों का जन्म होता है और जन्म के बाद सभी मनुष्य इनसे ही जीवित रहते हैं और मृत्यु के पश्चात् सभी मनुष्य इनमें ही लीन हो जाते हैं। मनुष्य देह में विद्यमान चैतन्यस्वरूप आत्मा ही उपनिषद का ब्रह्म है। जहाँ-जहाँ ईश्वर की सृष्टि का प्रसार है वहीं-वहीं उसकी भी परमगति है; पहुँच है। वह परमात्मा का अंशीभूत आत्मा है। इस परम बोध का उद्घोष करने के लिए उपनिषद के चार महामंत्र हैं–तत्त्वमसि (तुम वही हो), अहं ब्रह्मास्मि (मैं ब्रह्म हूँ), प्रज्ञानं ब्रह्म (आत्मा ही ब्रह्म है) और सर्वम् खिलविदम् ब्रह्म (सर्वत्र ब्रह्म ही है)

उपनिषदों में निहित दार्शनिक विचारों का सार

(i) वह (ईश्वर) प्रत्येक वस्तु को प्रकाशित करता है।

(श्वेताश्वतर उपनिषद 61.4)

(ii) सभी के हृदय में सदा निवास करने वाले ब्रह्मा स्वतः देदीप्यमान हैं।

(मुंडकोपनिषद 2.2.1)

(iii) परमात्मा की प्राप्ति सत्य, तपस्या, उचित ज्ञान और आत्म संयम द्वारा की जा सकती है। (मुंडकोपनिषद 3.1.8)

(iv) मुझे प्रकाश की ओर ले चलो।

"असत्य मा सत्यम गमय तमसो मा ज्योतिर्गमय, मृत्योर्मा अमृतंगमय"

अर्थात् हे ईश्वर! मुझे असत्य से सत्य की ओर ले चलो, अंधकार से प्रकाश की ओर ले चलो और मृत्यु से अमरत्व की ओर ले चलो। (वृहदारण्यक उपनिषद 1.3.28)

कर्म ही जीवन है। इस संसार में हम सौ वर्षों तक जीवित रहने की इच्छा कर सकते हैं किन्तु केवल कर्मरत रहकर। (ईश उपनिषद)

सारांश में, मनुष्य के भीतर ही देवत्व या आध्यात्मिकता निवास करती है और यह है उसकी आत्मा। भौतिकता से आध्यात्मिकता की ओर ऊपर उठने और ब्रह्म में लीन होने के लिए हर प्रयास किए जाने चाहिए।

जीवन के चार आश्रम (विभाग)

जीवन के चार आश्रमों या विभागों की अवधारणा उपनिषदों से ली गई है। इस अवधारणा के अनुसार व्यक्ति के सम्पूर्ण जीवन काल को निम्नलिखित चार आश्रमों या विभागों में बाँटा गया है–

1. **ब्रह्मचर्य आश्रम:** छात्र जीवन जिसमें कठोर अनुशासन का पालन करना पड़ता है।
2. **गृहस्थ आश्रम:** इसमें मनुष्य विवाहित तथा गृहस्थ का जीवन व्यतीत करता है।
3. **वानपृथ आश्रम:** इसमें मनुष्य संसार से वैराग्य लेकर ज्ञान का प्रसार करता है तथा आश्रम में रहता है।
4. **सन्यास आश्रम:** इसमें मनुष्य सर्वत्र भ्रमण करता हुआ उपकार कार्य करता है। वह किसी एक स्थान पर स्थिर होकर निवास निवास नहीं करता है।

भगवद्गीता तथा अन्य कृतियाँ

आकार में गीता सात सौ छंदों का एक लघु ग्रंथ है। इन छंदों को अठारह अध्यायों में विभाजित किया गया है। यह एक पद्य ग्रंथ है जो महाभारत युद्ध के प्रसिद्ध सेनानायक अर्जुन और भगवान विष्णु के अवतार श्रीकृष्ण के बीच संवाद के रूप में है। अर्जुन के समक्ष खड़ी विशाल सेना में उसके अपने ही बंधु-बांधव और गुरुजन हैं। अपने प्रिय बंधु-बांधवों और श्रेष्ठ गुरुजनों को देखकर अर्जुन युद्ध की इच्छा त्याग देता है और अपने हथियार फेंक देता है। इस स्थिति में उसके मित्र और सारथी श्रीकृष्ण ने एक उचित कारण के लिए अर्जुन को युद्ध करने के लिए प्रेरित किया। अर्जुन के समक्ष कर्तव्य की व्याख्या और उसे पूरा करने के लिए श्रीकृष्ण के उपदेश गीता के सार हैं।

गीता का सार

गीता में निहित दर्शन का सार यह है कि हमें अपने मन के दृढ़ विश्वास के साथ फल की इच्छा किए बिना कर्मनिष्ठ होकर ईमानदारी से अपने कर्तव्यों का निर्वाह करना चाहिए और शेष परमपिता परमात्मा की इच्छा पर छोड़ देना चाहिए।

कर्मण्येवाधिकारस्ते' मां फलेषु कदाचन।
मां कर्मफलहेतुर्भुमा ते संगोस्तवकर्मणि।।

हमें न्याय और उचित उद्देश्य के लिए अवश्य संघर्ष करना चाहिए। जिसका जन्म हुआ है उसकी मृत्यु भी निश्चित है। मृत्यु के पश्चात् आत्मा का पुनर्जन्म भी निश्चित है। अत: हमें निश्चित या अवश्यंभावी घटनाओं पर संतप्त नहीं होना चाहिए। आत्मा अमर है और शरीर नश्वर। सृजन का चक्र एक कठोर सत्य है और इससे बचा नहीं जा सकता।

स्मृति

स्मृतियों में मानव जीवन के आचरण के नियमों को निर्धारित किया गया है। महान विचारक स्वायंभुव आदि मनु विश्व में पहले नियम-निर्माता थे। तीन स्मृतियाँ हैं–

1. आदि मनु द्वारा रचित मनुस्मृति
2. महर्षि याज्ञवल्क्य द्वारा रचित याज्ञवल्क्य स्मृति और
3. ऋषि पराशर द्वारा रचित पराशर स्मृति।

मनुस्मृति में हिंदुत्व के चरित्र और उसकी मूल भावना को निरूपित किया गया है। विभिन्न विषयों जैसे कि प्रशासन, कूटनीति, शिक्षा और विधि आदि के अतिरिक्त

मनुस्मृति में महिलाओं की स्थिति पर भी विशद चर्चा की गई है। मनुस्मृति में कहा गया है कि "यत्र नार्यस्तु पूज्यन्ते रमन्ते तत्र देवताः" अर्थात् जहाँ नारी की पूजा होती है वहाँ देवताओं का वास होता है।

पुराण

कुल अठारह पुराण हैं। इनमें वंशचरित का उल्लेख मिलता है जिसके कारण ये इतिहासकारों के लिए अत्यंत महत्त्वपूर्ण हैं।

मनुस्मृति में शिक्षा (विद्या) का महत्त्व

अद्भिर्गात्राणि शुद्ध्यन्ति मनः सत्येन शुद्ध्यति।
विद्यातपोभ्यां भूतात्मा बुद्धिर्ज्ञानेन शुद्ध्यति।। –मनु० 5/109

जल से शरीर की शुद्धि होती है, मन सत्य से शुद्ध होता है, विद्या और तप से आत्मा की शुद्धि होती है और बुद्धि ज्ञान से शुद्ध होती है।

धृतिः क्षमा दमोऽस्तेयं शौचमिन्द्रियनिग्रहः।
धीर्विद्या सत्यमक्रोधो दशकं धर्मलक्षणम्।। –मनु० 6/91

मनुस्मृतिकार ने जहाँ धर्म के दस लक्षण बताये उसी में विशेषरूप से विद्या को भी धर्म में सम्मिलित किया है।

उपनिषदों में शिक्षा का महत्त्वः परा तथा अपरा विद्या

द्वे विद्ये वेदितव्ये इति ह स्म।
यद् ब्रह्मविदो वदन्ति परा चैवापरा च।। –मुण्ड० 1/1/3-4

इनमें ऋग्वेद, यजुर्वेद, सामवेद, अथर्ववेद, शिक्षा, कल्प, व्याकरण, निरुक्त, छन्द, ज्योतिष का ज्ञान 'अपरा' विद्या है।

मोक्ष भी प्रकृति के ही सहारे से होता है, परन्तु जैसे प्रकृति से संसार उत्पन्न हुआ है, उस प्रकृति से उत्पन्न हुआ मोक्ष प्रकृतिरूप नहीं होता।

उत्तर वैदिक काल में शिक्षा के उद्देश्य

उत्तर वैदिक साहित्य के अध्ययन से उत्तर वैदिक काल में शिक्षा के निम्न उद्देश्य दृष्टिगोचर होते हैं–

1. मानव जीवन के लक्ष्य से परिचित कराना।
2. समाज के प्रति व्यक्ति के उत्तरदायित्वों का ज्ञान कराना।
3. राजनैतिक चेतना जागृत कराना।
4. उन कार्यों से व्यक्ति को जानकारी देना जिन से जीवन सफल होता है।
5. आत्मिक शान्ति के लिए जानकारी देना।
6. लौकिक व्यवहारों का ज्ञान कराना।
7. व्यावसायिक कार्यों के लिए तैयार करना।
8. अर्थकारी ज्ञान देना।
9. परमार्थ-विवेक उत्पन्न करना।
10. जीवन में विभिन्न मूल्यों के प्रति संवेदनशील बनाना अर्थात् सत्य, संयम, अंहिसा आदि गुणों का निर्माण करना।
11. उच्च ज्ञान के लिए कटिबद्ध करना।
12. तत्वचिन्तन के मूल्यों का विकास करना।
13. विश्व-बंधुत्व की भावना का निर्माण करना।
14. आचार-व्यवहार में आदर्शवादी बनाना।

पाठ्यक्रम

उत्तर वैदिक काल में पाठ्यक्रम का क्षेत्र विस्तृत हो गया था। वैदिक काल की तुलना में कई और विषय उभर कर सामने आए। विषयों के उपनिषय स्वतन्त्र विषय बन गए थे। पाठ्यक्रम में तीन प्रकार के विषय होते थे–आध्यात्मिक, धार्मिक तथा भौतिक। विभिन्न रचनाओं के अध्ययन से पता चलता है कि निम्न विषय पाठ्यक्रम में सामान्यत: पढ़ाए जाते थे–

1. ऋग्वेद
2. अथर्ववेद
3. सामवेद
4. यजुर्वेद
5. इतिहास-पुराण
6. वेदांग (शिक्षा, कल्प, निरुक्त, व्याकरण, छन्द)
7. अरण्यक
8. उपनिषद
9. गणित
10. भौतिकी विज्ञान

11. रसायन विज्ञान
12. प्राणीशास्त्र
13. धनुर्विद्या
14. नक्षत्रविद्या (ज्योतिषशास्त्र)
15. नीतिशास्त्र
16. अर्थशास्त्र
17. तर्कशास्त्र अथवा विधिशास्त्र
18. ब्रह्मविद्या
19. उत्पत्ति विज्ञान
20. सर्पविद्या
21. ललितकला
22. संगीत
23. चिकित्साशास्त्र (रोग निदान, औषधि निर्माण, शल्य चिकित्सा आदि)
24. नाट्यशास्त्र
25. भूत विद्या
26. मौसम विज्ञान

व्यावसायिक शिक्षा

उत्तर वैदिक काल में व्यावसायिक शिक्षा को सम्पूर्ण शिक्षा का अभिन्न अंग माना जाता था। इस काल में शिक्षा का विशिष्टीकरण दिखाई देता है। व्यावसायिक शिक्षा के मुख्य अंग निम्नलिखित हैं–

1. पुरोहितीय शिक्षा–मुख्यत: ब्राह्मणों को दी जाती थी।
2. सैनिक शिक्षा–मुख्यत: क्षत्रियों को दी जाती थी।
3. कृषि और वाणिज्य शिक्षा–मुख्यत: वैश्यों को दी जाती थी।
4. औषधि-शास्त्र शिक्षा–यह शिक्षा भारत में अति प्राचीन काल में भी विद्यमान थी।
5. अन्य व्यवसायों की शिक्षा–अनेक प्रकार के शिल्पों की शिक्षा दी जाती थी। मुख्य तौर पर निम्न व्यवसायों की शिक्षा का प्रबंध था:
   1. सोने–चांदी के आभूषण बनाना,
   2. लोहे की वस्तुएं बनाना,
   3. लकड़ी की वस्तुएं बनाना
   4. पीतल की वस्तुएं बनाना,
   5. वस्त्र अद्योग में कार्य करने वाले,

6. रथकार,
7. यान्त्रिक,
8. मणिकार,
9. हिरण्यकार,
10. चर्मकार,
11. धनुष्कार,
12. कढ़ाई कार सिलाई कार आदि,
13. मधु निर्माणकर्ता,
14. चीनी उद्योग में संलग्न,
15. नाविक,
16. चिकित्सक,
17. शिकारी,
18. खनिक,
19. शिक्षा आदि से संबद्ध वृत्तियां,
20. कलात्मक वृत्तियां,
21. राज्यशासन से संबद्ध वृत्तियां,
22. सैन्य सेवा से संबद्ध वृत्तियां,
23. कृषि संबद्ध वृत्तियां,
24. यातायात संबंन्धी वृत्तियां,
25. जलचर से संबंन्धी वृत्तियां,
26. भवन निर्माण संबंन्धी वृत्तियां,
27. व्यापार संबंन्धी वृत्तियां।

बहुमुखी शिक्षा केन्द्र

इस केन्द्र में धार्मिक शिक्षा, व्यावसायिक शिक्षा, आत्मज्ञान की शिक्षा, साहित्य, दर्शन, धर्म (नियम) आदि सभी की शिक्षा एक ही केन्द्र में सम्भव थी। यद्यपि प्रत्येक अध्यापक किसी-न-किसी विषय का विशेषज्ञ होता था, फिर भी इस प्रकार के सर्वतोमुखी शिक्षा-केन्द्रों का स्नातक होने के कारण उसका ज्ञान संकुचित नहीं रहता था। विशेषज्ञ होना ही नहीं, वरन् बहुज्ञता ही विद्या का आदर्श था। इस शिक्षा-पद्धति के विद्यार्थी विशेषज्ञ होने के साथ ही अन्य विषयों से भी अवगत होते थे।

स्वायत्त शिक्षा संस्थाएँ

यद्यपि राजा-महाराजे, धनी तथा अन्य लोग शिक्षा के लिए दान देते थे परन्तु उनका किसी भी प्रकार से शिक्षा में हस्तक्षेप नहीं था।

जनसाधारण की शिक्षा

अंतिम बात इस पद्धति में यह है कि प्रत्येक बालक की शिक्षा का प्रबन्ध था। उसकी निर्धनता उसे उच्चतम शिक्षा पाने से भी रोक न सकती थी। बौद्धिक तथा नैतिक क्षमता एवं अध्यवसाय रहने पर हर प्रकार की शिक्षा मिल सकती थी। उस समय सार्वदेशिक अथवा जनसाधारण की शिक्षा सम्भव थी जिससे अश्वपति कैकेय जैसे राजा इस बात का दावा कर सकते थे कि उनके राज्य में कोई अशिक्षित नहीं है।

नि:शुल्क शिक्षा

छात्रों से किसी भी प्रकार का शुल्क नहीं लिया जाता था। अपनी शिक्षा समाप्त करने के पश्चात छात्र अपने गुरु को गुरु दक्षिणा दिया करते थे।

अनिवार्य शिक्षा

कुछ लेखकों के विचार में शिक्षा सार्वभौमिक थी। मनु का कथन था, "राज्य और समाज को 5 या 8 वर्ष की आयु के पश्चात् बालकों और बालिकाओं के लिए शिक्षा अनिवार्य बना देनी चाहिए और जो व्यक्ति अपने बच्चों को इस आयु के पश्चात् घर पर रखे, उसे दण्ड देना चाहिए।"

व्यक्तिगत सम्पर्क

प्राचीन काल में गुरु के पास छात्रों की संख्या कम होती थी। छात्र गुरु के आश्रम में ही रहते थे। अत: व्यक्तिगत सम्पर्क 24 घण्टे रहता था।

कक्षा नायक पद्धति (Monitorial System)

कभी कभी एक अध्यापक के पास छात्रों की संख्या बढ़ जाती थी। एक ही समय में सभी स्तर के बालकों को शिक्षा देना अध्यापक के लिए सम्भव न था। अत: अध्यापक निम्न कक्षाओं के छात्रों को पढ़ाने के लिए उच्च स्तर अथवा कक्षाओं के छात्रों की सहायता लेते थे। इस पद्धति के तीन लाभ थे। एक: गुरु

की सहायता होती थी। दूसरे: गुरु की अनुपस्थिति में भी शिक्षा कार्य होता रहता था। तीसरे: कुछ समय पश्चात् कक्षा-नायक शिक्षण कार्य में प्रशिक्षित हो जाते थे।

अंग्रेजी शिक्षावि बेल और लेकास्टर ने भारत की कक्षा नायकीय प्रणाली से प्रभावित होकर उसका इंग्लैंड में सूत्रपात किया।

शिक्षण विधियाँ

माना जाता है कि प्रत्येक गुरु की अपनी-अपनी शिक्षण विधियां थी। स्मृति चन्द्रिका में शिक्षण के लिए निम्नलिखित सोपानों का उल्लेख किया है–

1. शुश्रूषा (सेवा),
2. श्रवणम् (सुनना),
3. ग्रहणम् (ग्रहण करना),
4. धारणम् (मनन करना),
5. ऊहापोह: (शंका समाधान),
6. तर्क-विर्तक,
7. ज्ञान की वास्तविक प्राप्ति।

नारी शिक्षा

उत्तर वैदिक काल में भी नारी-शिक्षा की व्यवस्था थी। नारी की स्थिति सम्मानजनक थी। नारियां अध्यापन कार्य भी करती थीं। बालिकाओं की शिक्षा प्राय: घर पर ही होती थी। परन्तु धीरे-धीरे नारी-शिक्षा के प्रसार तथा प्रगति में कमी आने लगी।

सीखने की विधियां

विद्या किस-किस प्रकार और किन कर्मों से प्राप्त होती है?

चतुर्भि: प्रकारैर्विद्योपयुक्ता भवंति।
आगमकालेन स्वाध्यायकालेन प्रवचनकालेन व्यवहारकालेनेति।।

–महा० अ० 1/1/1 आ० 1

विद्या चार प्रकार से आती है–आगम, स्वाध्याय, प्रवचन और व्यवहारकाल से।

आगमकाल उसे कहते हैं कि जिसमें मनुष्य सावधान होकर, ध्यान देके पढ़ानेवाले से विद्यादि पदार्थ ग्रहण कर सके।

स्वाध्यायकाल उसे कहते हैं कि पठन-समय में आचार्य के मुख से जो शब्द, अर्थ और सम्बन्धों की बातें प्रत्यक्ष हों, उन्हें एकान्त में स्वस्थचित्त होकर पूर्वापर विचार के हृदय में ठीक-ठीक दृढ़ कर सके।

प्रवचनकालः जिसमें दूसरे को प्रीति से विद्याओं को पढ़ा सकना।

व्यवहारकाल उसे कहते हैं कि जब अपने आत्मा में सत्यविद्या होती है, तब यह करना, यह न करना, वही ठीक-ठीक सिद्ध होके वैसा ही आचरण करना हो सके।

महाभारत में कहा गया है कि किसी प्रकार से निम्न चार दोष नहीं होने चाहिए।

आलस्यं मदमोहौ च चापलं गोष्ठिरेव च।
स्तब्धता चाभिमानित्यं तथाऽत्यागित्वमेव च।।

एतै वा अष्ट दोषाः स्यु सदा विद्यार्थिनां मताः।।१।।
सुखार्थिनः कुतो विद्या कुतो विद्यार्थिनः सुखम्।

सुखार्थी वा त्यजेद्विद्यां विद्यार्थी या त्यजेत्सुखम्।।२।।

आलस्य-शरीर और बुद्धि में जड़ता, नशा, मोह-किसी वस्तु में फँसावट, चपलता और इधर-उधर की व्यर्थ कथा कहना-सुनना, पढ़ते-पढ़ते रुक जाना, अभिमानी और अत्यागी होना, ये आठ दोष विद्यार्थियों में होते हैं।।१।।

जो ऐसे हैं उन्हें विद्या कभी नहीं आती। सुख भोगने की इच्छा करनेवाले को विद्या कहाँ? और विद्या पढ़नेवाले को सुख कहाँ? क्योंकि विषय-सुखार्थी विद्या और विद्यार्थी विषय-सुख को छोड़ दे।।२।।

छात्र जीवन तथा कर्त्तव्य

उत्तर वैदिक काल में छात्रों के लिए निश्चित नियम थे, जिनका कठोरता से पालन आवश्यक था। वे ब्रह्ममुहूर्त में उठकर नित्य कर्म से निपटकर आश्रम के लिए कुश, जल और समिधा लाते थे। गायों को दुहकर, दुग्ध-पान कर गुरु जी के पास अध्ययन के लिए जाते थे। पहला पाठ सुनाने पर ही गुरु अगला ज्ञान देते थे। दोपहर में छात्र भिक्षा लाकर गुरु पत्नी को देते थे।

शिष्य के मुख्यतः दो प्रकार के कर्त्तव्य होते थे-बाह्य व्यावहारिक तथा आन्तरिक आध्यात्मिक। बाह्य व्यावहारिक कर्त्तव्य चार प्रकार के थे-भिक्षाटन, अग्निरक्षण, गोपालन और स्वाध्याय।

आन्तरिक आध्यात्मिक कर्त्तव्यों में उच्चतम ज्ञान को जीवन का लक्ष्य बनाने और उसकी प्राप्ति के लिए सदा प्रयत्न, गुरुसेवा, योग, उपासना सम्मिलित किए जाते थे।

इस प्रकार शिष्य अपने कर्त्तव्यों का पालन करता हुआ गुरु गृह में निवास करता था। यही नहीं, शिक्षा पूरी कर लेने के उपरान्त वह अपने गुरु के प्रति कृतज्ञता अनुभव करता हुआ उसकी विद्या परम्परा को जीवित रखने का प्रयत्न करता रहता था।

अति भोजन, मांस, मधुपान छात्रों के लिए वर्जित थे।

विद्यार्थियों का जीवन सादगी, शिष्टाचार, मर्यादा तथा आत्मसंयम से पूर्ण होता था।

उपनयन संस्कार के बाद बालक ब्रह्मचारी माना जाता था। प्राचीन गुरुकुल प्रणाली में ब्रह्मचर्य को विशेष महत्त्व दिया जाता था। सम्पूर्ण शिक्षा वास्तव में ब्रह्मचर्य की ही शिक्षा थी।

परीक्षा

शिक्षा

समाप्ति पर विशेष परीक्षाओं का प्रबन्ध न था। गुरु का संतोष ही सबसे बड़ी परीक्षा थी। जब बुद्धकालीन प्रसिद्ध वैद्य, जीवक, सात वर्ष तक्षशिला में आयुर्वेद का अध्ययन करके चलने लगा तो उसके गुरु को संतोष न था कि उसे पूर्ण आयुर्वेद का ज्ञान हो गया है और उसने यह स्पष्ट भी कर दिया था। वेदोपनिषत्काल में समावर्तन के बाद योग्य विद्यार्थियों को गुरु परिषदों में ले जाते थे तथा वहाँ शास्त्रार्थों द्वारा वे योग्यता प्रमाणित करके परिषद् की सदस्यता प्राप्त करते थे। सम्भवतः ये शास्त्रार्थ ही परीक्षा का कार्य करते थे। चरक ने भी विद्वत्परिषेदों में शास्त्रार्थों द्वारा वैद्यों के क्रम के निर्धारण का वर्णन किया है। राजशेखर ने भी राजदरबार में ऐसी ही परीक्षा का वर्णन किया है। परन्तु इन परीक्षाओ से यह स्पष्ट है कि वे किसी निम्नतम ज्ञान की द्योतक न थीं, जैसे आधुनिक परीक्षायें, अपितु किसी सभा तथा परिषद् में ज्ञान के अनुसार क्रम की ही परिचायक थीं।

प्रसिद्ध विद्वानों तथा शिक्षा-केन्द्रों द्वारा ही किसी भी स्नातक के निम्नतम ज्ञान का अनुमान कर लिया जाता था। दूसरे शब्दों में जिस बात का परिचय आधुनिक प्रमाणपत्रों से मिलता है, वह उस समय केवल गुरु तथा शिक्षा-केन्द्र के नाम से हो जाता था। ह्वेनसांग ने इसी हेतु लिखा है कि लोग नालंदा का नाम चुराकर उसके द्वारा अपने को प्रसिद्ध करते थे। इसी दोष को रोकने के लिये

पाल राजाओं ने विक्रमशिला के स्नातकों को प्रमाणपत्र देने की विधि निकाली थी। अन्य राजदरबार भी विद्वानों को उपाधियों से विभूषित करते थे।

विद्यालय भवन

डॉ. आल्तेकर ने इस संबंध में लिखा है, "अच्छे मौसम में कक्षाएँ वृक्षों की छाया में होती होंगी, किन्तु वर्षा ऋतु में किसी प्रकार के साधारण आच्छादन की व्यवस्था अवश्य होगी। जहाँ तक मन्दिरों में शिक्षा ग्रहण करने वाले छात्रों का प्रश्न है, वहां उनके लिए भव्य और विशाल भवन थे।"

प्रकृति से सम्पर्क

प्राचीन काल में गुरुकुल जहां छात्र गुरु के चरणों में बैठकर ज्ञान का संचय करते थे, वे तपोवनों मे थे। छात्र प्रकृति के सुरम्य दृश्यों को देखते थे। इस प्रकार उनके शारीरिक तथा मानसिक विकास पर अत्यन्त स्वस्थ प्रभाव पड़ता था। इस सन्दर्भ में रवीन्द्रनाथ टैगोर ने इस प्रकार विचार व्यक्त किए हैं, "भारत के वनों में सभ्यता की जो धारा प्रवाहित हुई, उसने सम्पूर्ण भारत को आप्लावित कर दिया।"

शिक्षा की अवधि

गुरु-गृह में शिक्षा की अवधि 25 वर्ष तक होती थी। उसके उपरान्त व्यक्ति गृहस्थ आश्रम में प्रवेश करता था। वैसे अनेक छात्र ऐसे थे जो 48 वर्ष की आयु तक भी अध्ययन करते थे। एक वेद के अध्ययन के लिए 12 वर्ष का समय था। विभिन्न लेखकों ने शिक्षा की अवधि पृथक्-पृथक् बताई है। इस संबंध में एक मत नहीं है।

शैक्षिक संस्थाएँ

उत्तर वैदिक काल में निम्न प्रकार की शैक्षिक संस्थाएं थी–

1. **गुरुकुल:** अलग से विस्तारपूर्वक चर्चा की गई है।
2. **टोल:** टोल में संस्कृत पढ़ाई जाती थी। एक टोल में एक ही शिक्षक होता था। इस प्रकार के टोल बंगाल में मुख्य तौर पर थे।
3. **चरण:** वेदों के केवल एक अंग की शिक्षा चरण में दी जाती थी। एक चरण में एक ही शिक्षक होता था।
4. **घटिका:** घटिका में दर्शन तथा धर्म की शिक्षा दी जाती थी। एक घटिका में अनेक शिक्षक पढ़ाते थे।

5. **विद्यापीठ:** विद्यापीठ में व्याकरण तथा तर्कशास्त्र की शिक्षा दी जाती थी।
6. **परिषद्:** एक परिषद् में विभिन्न विषयों की शिक्षा दी जाती थी।
7. **विशिष्ठ विद्यालय:** विशिष्ठ विद्यालय में केवल एक विषय की शिक्षा दी जाती थी। जैसे वैदिक विद्यालय में वेदों की तथा सूत्र विद्यालय में यज्ञ, हवन आदि की शिक्षा का प्रावधान था।
8. **ब्राह्मणीय महाविद्यालय:** ब्राह्मण महाविद्यालय में चार विषय पढ़ाए जाते थे जैसे दर्शन, पुराण, कानून तथा व्याकरण। इस कारण इस विद्यालय को 'चतष्पथी' भी कहा जाता था। इस प्रकार के महाविद्यालय में केवल एक ही शिक्षक पढ़ाया करता था।
9. **मन्दिर महाविद्यालय:** मन्दिर महाविद्यालय प्राय: मन्दिरों से सम्बद्ध थे। इन महाविद्यालयों को मन्दिर महाविद्यालय कहा जाता था। इन में धर्म, दर्शन, वेदों तथा व्याकरण आदि की शिक्षा दी जाती थी। इस प्रकार के मन्दिर महाविद्यालय दक्षिण भारत में थे।
10. **विश्वविद्यालय:** कालान्तर में उच्च शिक्षा की कुछ संस्थाओं ने विश्वविद्यालयों का रूप धारण कर लिया। इनमें तीनों प्रकार की शिक्षा अर्थात धार्मिक, आध्यात्मिक तथा भौतिक दी जाती थी। वेदों तथा दर्शनों के अतिरिक्त इनमें वाणिज्य, चित्रकला, चिकित्साशास्त्र आदि की विभिन्न शिक्षकों द्वारा शिखा दी जाती थी। काशी, नालन्दा तथा तक्षशिला के विश्वविद्यालय बहुत ख्याति के थे।
11. **सभायें:** समय समय पर सभायें भी होती थी। जहां पर स्नातक तथा अध्यापक अपनी योग्यता का परिचय देते थे। इन सभाओं से भी विद्वान शिक्षा ग्रहण करते थे।
12. **भ्रमणकारी अध्यापक:** अनेक अध्यापक ऐसे भी थे जो कि स्थान-स्थान पर शिक्षा प्रदान करते थे।
13. **अग्रहार:** दक्षिण भारत में ग्राम पंचायतें तथा शासक कुछ गांव तथा भूमि शिक्षक ब्राह्मणों को दे देते थे जो उस आय से विद्यार्थियों का खर्च भी चलाते थे। ऐसे गांव अग्रहार कहलाते थे।

स्नातकों के कर्तव्य

शिक्षा प्राप्ति के पश्चात् शिष्य स्नातक का कर्त्तव्य होता है

1. सत्य का प्रचार करें।

2. आसुरी वृत्तियों को नष्ट करें।
3. ज्ञान का प्रचार करें।
4. जनता का मार्गदर्शन करें।
5. अपनी तेजस्विता स्थापित करें।
6. जनता को आचार की शिक्षा दें।
7. शिक्षा का प्रचार करे।
8. जनता को जागृत करे।
9. उच्च परम्पराओं को जीवित रखे।
10. धार्मिक कार्यों का प्रचार करे।
11. जनता को आस्तिक बनाए।
12. शिष्य अपनी तपस्या से आचार्य को पूर्ण करता है।
13. जनता को ज्ञान बताए।
14. जनता में सद्‌भावनाओं को जागृत करे।

दीक्षान्त अथवा समावर्तन उपदेश

तैत्तिरीय उपनिषद में स्नातकों के लिए निम्न उपदेश का विवरण है जो कि नीचे दिया जा रहा है:

1. सर्वदा सत्य बोलना।
2. अपने कर्त्तव्य का पालन करना।
3. स्वाध्याय में प्रमाद न करना।
4. सत्य से न हटना।
5. धर्म से न हटना।
6. महान बनने के सुअवसर से न चूकना।
7. वेदों के पठन-पाठन के कर्तव्य में प्रमाद नत करना।
8. देव यज्ञ और पितृ यज्ञ (माता पिता की सेवा) अवश्य करना।
9. माता को देवी समझना।
10. पिता को देव समझना।
11. आचार्य को देव समझना।
12. अतिथि को देव समझना।
13. दोष-रहित कार्य ही करना अन्य नहीं।
14. हमारे अच्छे कार्यों का अनुकरण करना अन्य का नहीं।
15. जो ब्राह्मण अथवा विद्वान हम से श्रेष्ठ है, उन्हें आसन देकर उन का सम्मान करना।

16. जो दान देना हो, उसे श्रद्धा से देना, प्रसन्नता से देना, शीलपूर्वक देना।
17. शिष्टाचार अथवा धर्म के बारे में कोई रोक हो तो समदर्शी विद्वानों से परामर्श करना।
18. समदर्शी विद्वानों जैसा व्यवहार करना।
19. यही तुम्हें आदेश है। यही उपदेश है। 'वेद' और 'उपनिषद' का तत्व यही है। यही अनुशासन है। तुम इसी की उपासना करना, तुम इसका इसी रूप में पालन करना।

योग शिक्षा

योग शिक्षा वैदिक काल में पाठ्यक्रम का अभिन्न अंग थी। योग का वर्णन प्राय: समस्त वैदिक साहित्य में आता है। जहां पर योग का संक्षिप्त विवरण दिया जा रहा है।

योग का अर्थ

योगशास्त्र नामक प्राचीन पुस्तक के रचयिता पतंजलि (ई.पू. दूसरी शताब्दी) के अनुसार योग मन की प्रवृत्तियों को नियंत्रित करने की एक विद्या है। कुछ विद्वानों के अनुसार योग का अर्थ है आत्मा का परमात्मा या ईश्वर से मिलन। योग का वर्णन शरीर, मन और आत्मा से सामंजस्यपूर्ण विकास के लिए अपनाई जाने वाली जीवन शैली के रूप में भी किया जाता है। योग क्या नहीं है? प्राय: योग का अर्थ समझने में हम भूल कर जाते हैं और इसका अर्थ शरीर को स्वस्थ बनाए रखने के लिए किए जाने वाले कुछ व्यायाम या आसन मान बैठते हैं। यह योग का बहुत संकर्ण अर्थ या अवधारणा है। यह मात्र एक शारीरिक क्रिया या व्यायाम नहीं है। यह उससे काफी अधिक और काफी ऊपर है।

योग की प्रकृति

योग का उद्देश्य व्यक्ति की इच्छाओं और आकांक्षाओं को नियंत्रित करना है। योग आत्मा के वास्तविक स्वरूप को समझने का प्रयास करता है। इसे इच्छाओं और आकांक्षाओं को नियंत्रित करके वास्तविक अर्थों में समझा जा सकता है। योग की अवस्था इच्छाओं और वासनाओं को नियंत्रित करके प्राप्त की जा सकती है। जिस प्रकार हम अशांत जल में अपना सही प्रतिबिंब नहीं देख सकते उसी प्रकार यदि हमारा मन अस्थिर और अनियंत्रित हो तो हम ईश्वर को नहीं समझ सकते। ईश्वर की झलक पाने के लिए योग का चिंतन आवश्यक है।

योग के घटक

योग के आठ घटक हैं जिसे अष्टांग कहते हैं। ये हैं–यम, नियम, आसन, प्राणायाम, प्रत्याहार, धारणा, ध्यान और समाधि। योग के इन घटकों या अंगों की साधना करके अज्ञान को दूर किया जा सकता है और वास्तविक ज्ञान की प्राप्ति की जा सकती है। जैसे-जैसे साधक अपनी साधना में ऊपर उठता जाता है वैसे-वैसे उसका अज्ञान दूर होता जाता है और उसमें ज्ञान जागृत होता जाता है। अत: योग का मुख्य उद्देश्य अज्ञान को दूर भगाना और ज्ञान प्राप्त करना है। अब हम योग के इन आठ घटकों या अंगों की अलग से चर्चा करेंगे।

योग के चरण या उसकी विभिन्न शाखाएँ

पतंजलि ऋषि के अनुसार योग के निम्नलिखित आठ अंग हैं–

1. यम, 2. नियम, 3. आसन, 4. प्राणायाम, 5. प्रत्याहार, 6. धारणा, 7. ध्यान, 8. समाधि।

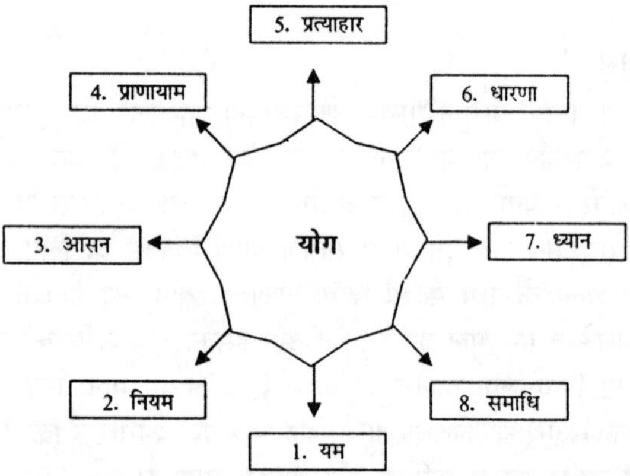

चित्र: योग के आठ अंग

यम (आत्म नियंत्रण)

इसमें मात्र व्यक्ति के लिए नैतिक आचरण का उल्लेख है और इसमें सत्य, ब्रह्मचर्य, अस्तेय, निग्रह तथा अहिंसा का सिद्धांत अंतर्निहित है।

नियम (अनुपालन)

इसका अर्थ है तप, शौच, संतोष, धर्मग्रंथों के पाठ और स्वयं को ईश्वर के प्रति समर्पित करके आत्मशुद्धि करना।

आसन (मुद्राएँ)

इसमें स्वास्थ्य की प्राप्ति और मन की शुद्धि करने के लिए कतिपय शारीरिक व्यायाम करना अंतर्निहित है। विभिन्न आसनों को शताब्दियों के प्रयास से विकसित किया गया है और इनसे शरीर की प्रत्येक मांसपेशी, तंत्रिका और ग्रंथी के व्यायाम में सहायता मिलती है।

प्राणायाम (साँस का नियंत्रण)

यह श्वसन तंत्र को सुदृढ़ बनाने, रक्त को शुद्ध करने और मस्तिष्क को शांत रखने के लिए किया जाने वाला कार्य है।

प्रत्याहार (इंद्रिय-निग्रह)

इसका अर्थ है इंद्रियों को विषयों से हटाना। यह अष्टांग योग के अंतर्गत एक बहिरंग साधन है जिसमें इंद्रियों को उनके विषयों से हटाकर चित्त के समान निरुद्ध करते हैं।

धारणा

इसका अर्थ है मस्तिष्क में कोई एक वस्तु या बिंदु को धारण करने की शक्ति।

ध्यान

इसका अर्थ है प्रयास द्वारा सर्वव्यापी ईश्वर का चिंतन करना अैर उसी पर अपना ध्यान केंद्रित करना।

समाधि

यह योग का अंतिम चरण या अंग है। इस चरण में योगी स्वयं को परमात्मा में लीन कर देता है और अपने मन को ईश्वर पर केंद्रित कर देता है यद्यपि वह सजग और सचेत रहता है।

मानसिक प्रक्रिया के नियामक तत्त्व

साधना

किसी अवस्था या स्थिति को स्थाई रूप प्रदान करने के लिए साधना आवश्यक है। यदि साधना निरंतर और समर्पण भाव से की जाए तो इसमें कोई संदेह नहीं है कि उससे कार्य की सिद्धि होगी।

वैराग्य

इसका अर्थ है विषय वासना और सांसारिक संबंधो से मन का उचट जाना। साधक की इस दशा को वैराग्य कहते हैं।

ईश्वर के प्रति समर्पण

यह भी योग का एक घटक है। इसका अर्थ है ईश्वर के साथ एकात्मकता स्थापित करना अर्थात् उसके साथ एकाग्र हो जाना या स्वयं को ईश्वर के प्रति समर्पित कर देना। प्रार्थना का एक विशिष्ट लक्ष्य है व्यक्ति मात्र को ईश्वर के इतने निकट होना चाहिए कि उसकी आत्मा और ईश्वर के बीच कोई भेद ही न रह जाए।

आज के संदर्भ में योग का महत्त्व

योग न केवल स्वास्थ्य को उन्नत बनाने अपितु कुछ मानसिक रोगों को दूर करने, शरीर को कतिपय भंगिमात्मक दोषों को दूर करने तथा तनाव दूर करने और इसके साथ ही सर्वशक्तिमान ईश्वर के साथी एकात्मकता स्थापित करने का एक साधन है जो विश्व को प्राचीन भारत द्वारा प्रदत्त एक महत्त्वपूर्ण योगदान है। आधुनिक समय में इसका महत्त्व और भी बढ़ गया है जबकि हम भय, तनाव, विकृति और चिंताओं के बोझ से लदे हैं। पश्चिमी दुनिया के कुछ देशों में अब यह विश्वास किया जाने लगा है कि योग मनुष्य की अनेक समस्याओं का समाधान कर सकता है और मन की शान्ति दे सकता है।

उत्तर वैदिक काल में शिक्षा: संक्षेप में

उत्तर वैदिक काल शिक्षा पद्धति की महत्त्वपूर्ण विशेषताओं का सारांश नीचे दिया गया है–

1. शिक्षा का अर्थ था आध्यात्मिक और भौतिक विकास। तथापि, शिक्षा में वौद्धिक पहलू का स्थान सर्वोच्च था।
2. शिक्षा को मनुष्य का तृतीय चक्षु (तीसरी आँख) कहा जाता था।
3. शिक्षा को व्यक्ति मात्र में ईमानदारी, सच्चाई, गुरुजनों की आज्ञाकारिता आदि जैसे नैतिक मूल्यों का महत्त्व समझने की शक्ति विकसित करने का साधन समझा जाता था।
4. शिक्षा प्रणाली पूर्णत: सुसंगठित थी यद्यपि इस पर राज्य का नियंत्रण नहीं था।

5. शिक्षा गुरु के आश्रम में प्रदान की जाती थी अर्थात् शिक्षा की गुरुकुल पद्धति प्रचलित थी।
6. शिक्षा उन सभी लोगों के लिए मुक्त रूप से उपलब्ध थी जो इसे प्राप्त करना चाहते थे।
7. छात्रों से कोई शुल्क नहीं लिया जाता था। तथापि, शिक्षा के समापन पर छात्र अपने गुरु को गुरुदक्षिणा या वस्तु के रूप में स्वेच्छा से भुगतान या उपहार देते थे।
8. गुरु को समाज में काफी उच्च स्थान प्राप्त था।
9. महिलाएँ हर प्रकार की शिक्षा प्राप्त कर सकती थीं।

3

बौद्ध काल में शिक्षा तथा प्राचीन काल में शिक्षा के उच्च केन्द्र/विश्वविद्यालय

(Education in the Buddhist Period and Centres of Higher Education/Universities in Ancient India)

बौद्ध दर्शन तथा शिक्षा के स्रोत

बौद्ध काल में शिक्षा के अर्थ शिक्षण विधि तथा शिक्षा व्यवस्था आदि को समझने के लिए आवश्यक है कि बौद्ध दर्शन पर प्रकाश डाला जाए। बौद्ध काल के दर्शन तथा शिक्षा के प्रमुख स्रोत निम्न दिए गए हैं–

पिटक

एक लम्बे समय तक महात्मा बुद्ध के उपदेशों के गुरु अपने शिष्यों अथवा छात्रों को याद कराते रहे। इन उपदेशों को श्रीलंका के सम्राट वरघमणि के शासन काल में ईसा पू० 80 में लिपिबद्ध किया गया। तीन पिटकों (बौद्ध दर्शन लिखित तार के पत्तों से युक्त तीन पटरियां) को इस अवधि के दौरान अंतिम रूप दिया जा सका। ये तीनों रचना संग्रह त्रिपिटक भी कहलाते हैं।

पिटकों को जनसाधारण की भाषा पाली में लिखा गया। पिटकों में तीन रचना-संग्रह हैं:

(i) सुत्त या कथा,

(ii) विनय या अनुशासन और

(iii) अभिधर्म या सिद्धांत।

मिलिंद पन्हा (राजा मिलिंद के प्रश्न)

यह बौद्ध विद्वान नागसेन और यूनानी राजा मिनांदर (125-95 ई.पू.) के बीच एक संवाद है।

जातक

यह भगवान बुद्ध के जीवन पर 551 कथाओं, आख्यानों और पहेलिकाओं का संग्रह है। ये भगवान बुद्ध के उपदेशों को जानने के सर्वाधिक महत्त्वपूर्ण साधन हैं। प्रत्येक कथा बुद्ध के किसी एक पूर्वजन्म की कथा है। विभिन्न कथाएँ भगवान बुद्ध के विभिन्न पूर्वजन्मों–साधु, राजकुमार, देव, दास, महिला, पशु और पक्षी के रूप में–की कथा है।

बौद्ध साहित्य पाली या प्राकृत भाषाओं में लिखे गए थे, जो जन-साधारण की भाषा थी, जबकि वैदिक साहित्य की रचना संस्कृत भाषा में की गई थी।

महात्मा बुद्ध (563-483 ई.पू.)

महात्मा बुद्ध के बचपन का नाम सिद्धार्थ था। इनका जन्म लगभग 563 ई. पू. में शाक्य वंश के राजपरिवार में लुंबिनी नामक स्थान (अब नेपाल में) पर हुआ था। सिद्धार्थ के पिता महाराज शुद्धोदन कपिलवस्तु के राजा थे। उनकी माता मायादेवी का देहावसान उनके जन्म के तुरंत बाद हो गया था। सिद्धार्थ को बचपन में एक राजकुमार को उपलब्ध सारी सुविधाएँ दी गई और इन्हें राजगद्दी सँभालने के लिए प्रशिक्षित किया गया। उन्नीस वर्ष की आयु में सिद्धार्थ का विवाह एक सुंदर राजकुमारी यशोधरा के साथ कर दिया गया। किंतु सिद्धार्थ का मन सांसारिक सुख और आनंद में कभी नहीं लगा।

चार दृश्य जिन्हें देखकर सिद्धार्थ ने सन्यास धारण करने का निश्चय किया

समय बीतने के साथ सिद्धार्थ के मन में जीवन के चार प्रश्न उमड़-घुमड़कर आने लगे। चार दृश्यों (एक वृद्ध व्यक्ति, एक रोगी व्यक्ति, एक तपस्वी और एक मृत व्यक्ति के दृश्य) को देखकर वे सांसारिक जीवन का त्याग करने के बारे में सोचने लगे। उन्हें अपने महल के जीवन में कोई रुचि नहीं थी। उनतीस वर्ष की आयु में एक रात्रि उन्होंने चुपचाप अपना गृहत्याग किया और सन्यासी का जीवन व्यतीत करने लगे।

सिद्धार्थ को ज्ञान की प्राप्ति हुई

सिद्धार्थ लगभग सात वर्षों तक एक स्थान से दूसरे स्थान पर घूमते रहे। उन्होंने कठोर साधना की। अंत में जब वे बोधगया में एक पीपल के वृक्ष के नीचे बैठे हुए थे, उन्हें उस ज्ञान की प्राप्ति हुई जिसकी तलाश में वे भटक रहे थे। इसके बाद उन्हें बुद्ध या गौतम बुद्ध कहा जाने लगा। बुद्ध ने अपना पहला उपदेश वाराणसी के निकट सारनाथ में दिया। उसके बाद से उन्होंने उपदेश देना और चिंतन करना जारी रखा। गौतम बुद्ध की मृत्यु 483 ई.पू. में 80 वर्ष की आयु में कुशीनारा (कुशीनगर) में हुई।

भगवान बुद्ध के उपदेश

भगवान बुद्ध के सिद्धांतः चार उदात्त सत्य तथा अष्ट मार्ग

चार सत्यः मनुष्य के दुखों, उनके कारणों, दुख को दूर करने की संभावना और ऐसा करने के मार्गों से संबंधित हैं। पहला सत्य यह है कि संसार में दुख या विपत्ति है। दूसरा सत्य यह है कि इस दुख के कुछ कारण होते हैं। तीसरा सत्य यह है कि दुख को दूर किया जा सकता है और चौथा सत्य यह है कि दुख को दूर करने के उचित मार्ग हैं तथा इस मार्ग के बारे में ज्ञान प्राप्त करना होता है। बुद्ध के अनुसार मनुष्य का जन्म ही उसके दुखों का कारण है, मनुष्य की इच्छाएँ उसके दुखों को और बढ़ाती हैं तथा दुख को दूर करने के लिए मनुष्य के लिए अपनी इच्छाओं का दमन करना आवश्यक है तथा इच्छाओं का दमन निम्नलिखित आठ मार्गों का अनुसरण करके किया जा सकता है:

(i) सम्यक दृष्टि,

(ii) सम्यक संकल्प,

(iii) सम्यक वाक अथवा वचन,

(iv) सम्यक कर्मांत अथवा कर्म,

(v) सम्यक आजीव अथवा आजीविका,

(vi) सम्यक प्रयत्न,

(vii) सम्यक विचार और

(viii) सम्यक ध्यान या समाधि।

इन अष्ट मार्गों के अनुसरण से इच्छाओं को समाप्त करके मोक्ष की प्राप्ति की जा सकती है।

निर्वाण (मोक्ष)–चरम लक्ष्य

सम्यक वाक, सम्यक कर्मांत और सम्यक आजीव से मनुष्य में शारीरिक नियंत्रण या शील का समावेश होता है। इन तीन से मनुष्य मानसिक नियंत्रण या समाधि की स्थिति में आता है। सम्यक दृष्टि और सम्यक संकल्प का अनुसरण करने पर मनुष्य में अंतर्दृष्टि या प्रज्ञा विकसित होती है। प्रज्ञा से ही मनुष्य-मात्र मोक्ष या निर्वाण की प्राप्ति कर सकता है। वास्तव में निर्वाण का ठीक-ठीक अर्थ बता पाना अत्यंत कठिन है। किंतु सामान्यत: इसका अर्थ होता है सभी इच्छाओं या कामनाओं का अंत तथा जन्म व मृत्यु के चक्र से मुक्ति। यह शाश्वत शान्ति और परमानंद है जिसमें दुख, कामना, रोग तथा जन्म और मृत्यु की पीड़ा का कोई स्थान नहीं होता।

आचार संहिता और अच्छे कर्मों का महत्त्व

भगवान बुद्ध ने दृढ़तापूर्वक उपदेश दिया कि मनुष्य धार्मिक अनुष्ठानों द्वारा नहीं बल्कि दैनिक जीवन में नैतिक और चारित्रिक सिद्धांतों को अपनाकर आनंद की प्राप्ति कर सकता है। सत्यनिष्ठा, उदारता, शुद्धता और कामनाओं पर नियंत्रण आचार संहिता के मुख्य पहलू हैं।

मध्य मार्ग

भगवान बुद्ध ने दैनिक जीवन में मध्य मार्ग को अपनाने की बात कही। उन्होंने अपने अनुयायियों को अत्यधिक तप और अत्यधिक विलासिता, दोनों से बचने की सलाह दी। बुद्ध आदर्शवादी भी थे और व्यवहारवादी भी। उन्होंने इस तथ्य को पूर्णत: स्वीकार किया था कि चरम तप और चरम विलासिता गृहस्थों के हित में नहीं है।

समानता–जाति प्रथा को अस्वीकार करना

बुद्ध ने कहा, "जन्म द्वारा नहीं बल्कि केवल अपने आचरण द्वारा ही मनुष्य निम्न जाति का बनता है या उच्च कुलीन ब्राह्मण बनता है।"

अहिंसा

बुद्ध ने सभी प्राणियों के प्रति अहिंसा पर बल दिया। उन्होंने कहा, "कोई व्यक्ति युद्ध में हज़ारों व्यक्तियों पर विजय प्राप्त कर सकता है किंतु जो स्वयं पर विजय प्राप्त कर सकता है वही महानतम विजेता है।" अहिंसा का अर्थ है शारीरिक और मानसिक दोनों ही प्रकार की हिंसा का अभाव।

ईश्वर के अस्तित्व पर मौन

बुद्ध ने ईश्वर के अस्तित्व के संबंध में सभी दार्शनिक अटकलबाजियों से बचने की सलाह दी।

आत्मा में अविश्वास

बुद्ध आत्मा के अस्तित्व में विश्वास नहीं करते थे।

धार्मिक अनुष्ठानों और यज्ञों पर अविश्वास

बुद्ध उदात्त कर्म में विश्वास करते थे। उनके उपदेश अत्यधिक सरल थे। उन्हें वेदों और ब्राह्मणों की सर्वोच्चता में कोई विश्वास नहीं था। बुद्ध ने वेदों के प्राधिकार पर प्रश्न उठाया।

पुनर्जन्म और कर्म सिद्धांत पर विश्वास

इनका विश्वास था कि यह एक शाश्वत नियम है कि मनुष्य अपने कर्मों का ही फल पाता है और वह अपने कर्म के परिणाम से बच नहीं सकता।

उचित सम्यक आजीव अथवा आजीविका

जब भगवान बुद्ध के अनुयायियों ने उनसे सम्यक आजीव की अवधारणा को अधिक स्पष्टतापूर्वक परिभाषित करने को कहा तो उन्होंने उनके मार्गदर्शन हेतु निम्नलिखित सिद्धांतों का प्रतिपादन किया–

1. किसी भी जीवित प्राणी की हत्या मत करो,
2. ऐसी कोई भी वस्तु ग्रहण न करो जो तुम्हें दी गई हो,
3. असत्य भाषण मत करो,
4. अशुद्ध आचरण मत करो,
5. मादक पेय पदार्थों का सेवन मत करो।

बुद्ध के अनुसार, "हमें क्रोध पर दयालुता द्वारा और बुराई पर अच्छाई द्वारा विजय प्राप्त करनी चाहिए।"

विभिन्न स्तरों पर शिक्षा व्यवस्था

प्राथमिक स्तर पर शिक्षा

प्राथमिक स्तर पर निम्नलिखित प्रमुख तथ्य दृष्टिगोचर होते हैं:

शिक्षा बिना किसी भेदभाव के

प्राथमिक शिक्षा की व्यवस्था केवल बौद्ध धर्म मानने वालों के नहीं थी वरन् सभी जातियों के बालकों को उपलब्ध थी।

शिक्षण स्थल

प्राथमिक शिक्षा बौद्ध मठों तथा विहारों में बौद्ध भिक्षुओं द्वारा दी जाती थी।

बालिकाओं की शिक्षा

आरम्भ में मठों में केवल भिक्षु ही रहते थे। अत: बालकों को ही शिक्षा दी जाती थी। परन्तु कालान्तर में बालिकाओं को भी प्राथमिक शिक्षा मठों में दी जाने लगी। उन्हें भिक्षुणीयां शिक्षा प्रदान करती थीं।

प्रवेश

सातवीं शताब्दी में चीनी यात्री आइसांग (I-Tsang) जो भारत में आया उसके अनुसार प्राथमिक शिक्षा आरम्भ करने की आयु 6 वर्ष की थी। प्रथम शिक्षा की अवधि साधारणत: 6 वर्ष की थी।

पाठ्यक्रम

चीनी यात्री हुएनसांग (Hieun Tsang) ने प्राथमिक शिक्षा के पाठ्यक्रम का विवरण इस प्रकार दिया है—बालकों को पहले 6 महीनों में सिद्धिरस्तु (Sidhhirastu) नाम की बालपोथी पढ़ाई जाती थी। इस पोथी में 12 अध्याय थे तथा वर्णमाला के 49 अक्षर। क्रमानुसार 300 से अधिक श्लोकों की रचना की गई थी। 16 मास के पश्चात् बालकों को इन पांच विषयों की शिक्षा दी जाती थी–

(1) व्याकरण (2) तर्कशास्त्र (3) चिकित्सा (4) अध्यात्मक शास्त्र (5) शिल्प विद्या।

शिक्षण विधि

भिक्षु लकड़ी की तख्ती पर वर्णमाला के अक्षरों को लिखता था तथा साथ ही उसका उच्चारण करता था। शिष्य उसका उच्चारण करता था। इस प्रकार जब कुछ समय के पश्चात् छात्रों को अक्षरों का ज्ञान हो जाता था, वे उनको लिखते थे। बालक उनको कण्ठस्थ करते थे।

शिक्षा का माध्यम

प्राथमिक स्तर पर मठों में शिक्षण का माध्यम जन साधारण की भाषा पाली थी। वैदिक विद्यालयों में संस्कृत।

उच्च शिक्षा व्यवस्था

सबके लिए शिक्षा

उच्च शिक्षा सभी धर्मों, सम्प्रदायों तथा जातियों के बालकों के लिए उपलंब्ध थी।

प्रवेश की अवधि

उच्च शिक्षा का आरम्भ साधारणतया प्राथमिक शिक्षा समाप्त करने के पश्चात् होता था। अतः बालक इसका आरम्भ 12 वर्ष की आयु में करते थे। अध्ययन की अवधि 12 वर्ष की थी।

पाठ्यक्रम

पाठ्यक्रम मुख्यतः दो प्रकार का था–धार्मिक तथा लौकिक।

मुख्य धार्मिक विषय थे–बौद्ध धर्म, साहित्य, त्रिपिटक, विनय आदि।

लौकिक विषयों द्वारा छात्रों को जीवनयापन के लिए तैयार किया जाता था। इनमें प्रमुख विषय थे–तर्कशास्त्र, न्यायशास्त्र तथा चिकित्सा आदि।

शिक्षा का माध्यम

सामान्य रूप से शिक्षा का माध्यम पाली भाषा थी परन्तु वैदिक साहित्य का शिक्षण संस्कृत में किया जाता था। महात्मा बुद्ध ने भिक्षुओं को अपनी भाषा में बौद्ध धर्म की शिक्षाओं को सीखने की अनुमति प्रदान की थी।

शिक्षा के प्रसिद्ध विश्वविद्यालय: बौद्ध काल में शिक्षा के कई प्रसिद्ध विश्वविद्यालय थे जहां पर शिक्षा प्राप्त करने के लिए छात्र कोरिया, चीन, तिब्बत तथा चीन जैसे सुदूर देशों से आते थे। शिक्षा तथा दर्शन के क्षेत्र में भारत की अन्तर्राष्ट्रीय ख्याति में वृद्धि हुई।

प्रसिद्ध विश्वविद्यालय इस प्रकार थे:

1. नदिया विश्वविद्यालय पूर्वी बंगाल में,
2. वललभी विश्वविद्यालय पूर्वी काठियावाड़ में,
3. विक्रमशिला विश्वविद्यालय उत्तरी मगध में गंगा नदी के तट पर,
4. तक्षशिला महाविद्यालय रावलपिंडी के निकट,
5. नालन्दा विश्वविद्यालय बिहार राज्य में पटना से लगभग 80 किलोमीटर दूर दक्षिण में। (*विश्वविद्यालयों का विवरण अलग से दिया गया है।*)

बौद्धकाल शिक्षा की विशेषताएँ

बौद्ध शिक्षा का आरम्भ

बुद्ध शिक्षा महात्मा बुद्ध के विचारों को साकार रूप देने के लिए ईसा पूर्व 5वीं शताब्दी में अस्तित्व में आयी।

बौद्ध काल में शिक्षा के उद्देश्य

बौद्ध कालीन शिक्षा के निम्नलिखित उद्देश्य थे—

1. निर्वाण प्राप्ति के लिए शिक्षा,
2. चरित्र निर्माण के लिए शिक्षा,
3. बौद्ध धर्म के प्रचार के लिए शिक्षा,
4. सामाजिक कुशलता बढ़ाने के लिए शिक्षा,
5. देश-विदेश में बौद्ध धर्म के प्रचार के लिए शिक्षा,
6. भिक्षु तैयार करने के लिए शिक्षा।

पाठ्यक्रम

ब्राह्मणिक शिक्षा के समान बौद्धिक शिक्षा भी धर्मप्रधान थी। विनय, साहित्य तथा धर्म मुख्य विषय थे।

शिक्षा दो भागों में विभक्त थी। प्रारम्भिक शिक्षा में लिखना, पढ़ना और साधारण गणित का ज्ञान दिया जाता था।

उच्च शिक्षा में धर्म, शस्त्र, आयुर्वेद आदि सभी प्रकार की शिक्षा दी जाती थी।

धार्मिक विषयों को पढ़ाने का उद्देश्य भिक्षुओं को निर्वाण प्राप्त करने की योग्यता प्रदान करना था। यह पाठ्यक्रम भिक्षु और भिक्षुणियों दोनों के लिए था। उन्हें बौद्धिक धर्म साहित्य–त्रिपिटक आदि का अध्ययन, मठों और विहारों के निर्माण का व्यावहारिक ज्ञान, विहारों को दिए गए दान आदि का लेखा-जोखा रखना सिखाया जाता था।

तुलनात्मक शिक्षा के लिए वेदों का ज्ञान भी दिया जाता था। वैदिक शिक्षा के सभी विषय बौद्धकालीन विश्वविद्यालयों में पढ़ाये जाते थे।

शिक्षा का माध्यम

उच्च शिक्षा के लिए संस्कृत का ज्ञान अनिवार्य था। स्थानीय भाषाओं और भाषा का प्रचार भी इसी काल में हो चुका था। महात्मा बुद्ध स्वयं बुद्ध -समुदाय की भाषा में ही अपना उपदेश देते थे।

विद्या आरम्भः पब्बज्जा या प्रव्रज्या

विद्या आरम्भ करने का प्रथम संस्कार पब्बज्जा अथवा प्रव्रज्या था। वैदिक काल में जिस प्रकार विद्या शुरू करने से पूर्व उपनयन संस्कार आदि सम्पन्न होता था, उसी प्रकार बौद्ध संघ में प्रविष्ट होने के लिए भी एक प्रणाली प्रचलित थी जिसे प्रव्रज्या कहा जाता था। उसका शाब्दिक अर्थ 'बाहर जाना था' तथा इस प्रचार के अनुसार भावी भिक्षु अपने परिवार से बाहर आकर बौद्ध संघ में प्रवेश करता था।

पब्बज्जा ग्रहण करने की अवस्था 8 वर्ष निर्धारित थी। संघ में प्रविष्ट होने पर 12 वर्ष तक शिक्षा ग्रहण करनी पड़ती थी। सिर मुंडाकर पीले वस्त्र पहने हुए विद्यार्थी बुद्ध धर्म और संघ की शरण आने की घोषणा करता। वह इस प्रकार 'शरण त्रयी' लेता:

बुद्धं शरणं गच्छामि
धम्मं शरणं गच्छामि
संघं शरणं गच्छामि

भिक्षु, अर्थात् गुरु, पब्बज्जा के समय छात्र को आचरण-सम्बन्धी दस मूल्यों की शिक्षा देता था।

1. जीव हत्या न करना,
2. चोरी न करना,
3. अपवित्र आचरण न करना,
4. मिथ्यावादन न करना,
5. सुरापान न करना,
6. असमय भोजन न करना,
7. संगीत में शौक न रखना,
8. आभूषण तथा अमूल्य वस्तुओं से बचाव,
9. ऊँचे पलंग पर न बैठना,
10. सुगन्धि से बचाव।

संघ प्रवेश के लिए मनाही

संघ में प्रवेश से पहले पात्र-अपात्र का विचार किया जाता था और निम्नलिखित के होने पर संघ में प्रवेश नहीं मिल सकता था।

1. यदि कोई बालक अपने माता-पिता की आज्ञा के बिना ही संघ में प्रवेश का अभिलाषी हो,
2. यदि वह किसी प्रकार के शारीरिक दोष, भयंकर व्याधियों व संक्रामक रोग से पीड़ित हो,

3. यदि उसने किसी प्रकार का घोर नैतिक अपराध किया हो,
4. यदि परीक्षण काल, में जो कि चार-पाँच दिनों का हुआ करता था, छात्र सदाचार आदि गुणों से युक्त न पाया जाए।

उप-संपदा

यह संस्कार 20 वर्ष की अवस्था में किया जाता था। उप-सम्पदा के पश्चात् 'श्रमण' पूर्ण 'भिक्षु' कहा जाता था। श्रमण भिक्षु का भेष धारण करके, हाथ में कमण्डल, एक कंधे पर चीवर लेकर अन्य भिक्षुओं को प्रणाम करके हाथ जोड़कर बैठ जाता था। उप-सम्पदा के समय भिक्षु संघ के समस्त पक्के भिक्षुओं के सम्मुख उपस्थित होता था और वे सब एकमत होकर उप-सम्पदा ग्रहण करने का आदेश देते थे।

छात्र-जीवन

बौद्ध संघ की प्रणाली में गुरु तथा शिष्य मठों में रहते थे। शिष्य गुरु के प्रति श्रद्धा रखते थे। उसकी सेवा में लीन रहते थे। छात्र के लिए नियमित रूप से गुरु की सेवा करना अनिवार्य था। गुरु के भिक्षाटन के लिए वस्त्र व पात्र आदि प्रस्तुत कर वह उसकी इच्छानुसार छात्र उसके साथ भिक्षाटन के लिए भी जाते थे। शिष्यों को भिक्षा ग्रहण कर लेने पर गुरु से पहले ही लौटना पड़ता था क्योंकि गुरु के हाथ-पैर धोने, वस्त्र बदलने व विश्राम की व्यवस्था करना उनका ही कार्य था।

गुरु अथवा उपाध्याय

बौद्ध काल में वही भिक्षु शिक्षा दे सकता था जो कम से कम दस वर्ष तक स्वयं भिक्षु रह चुका हो और साथ ही उसका आचरण शुद्ध तथा पवित्र हो और विनम्रता आदि गुणों से युक्त हो। मानसिक क्षमता भी शिष्य को धर्म व विनय की शिक्षा देने के लिए अनिवार्य थी।

गुरु शिष्य सम्बन्ध

वैदिक काल की भाँति इस काल में भी गुरु-शिष्य सम्बन्ध में वही पवित्रता विद्यमान थी। इन दोनों का सम्बन्ध घनिष्ठ तथा स्नेहयुक्त था।

शिक्षण पद्धति

वैदिक काल की भाँति बौद्ध-शिक्षा भी मौखिक ही थी। गुरु के कहे गए पाठ को शिष्य याद कर लेता था। विद्यार्थियों की मेधाशक्ति की जाँच के लिए गुरु

पिछला पाठ सुनता था। उस समय के सभी विद्वान कंठस्थ करने को ही वास्तविक विद्या मानते थे।

बौद्ध विहारों में नित्य-प्रति भिन्न-भिन्न विषयों पर तर्क हुआ करता थे।

विद्यार्थियों की उच्च शिक्षा समाप्त होने पर उन्हें पर्यटन द्वारा ज्ञान का वास्तविक व व्यावहारिक रूप ग्रहण करने की प्रेरणा दी जाती थी। जिससे कि उनका ज्ञान अधिक पूर्ण, ठोस व प्रत्यक्ष हो सके।

गम्भीर एवं गूढ़ विषयों पर शास्त्रार्थ होते थे। विभिन्न विद्वानों के विचार सुनने पर छात्रों का ज्ञान क्षेत्र विकसित होता था।

प्रवचन प्रणाली के अतिरिक्त व्याख्या प्रणाली, प्रश्नोत्तर विधि और वाद-विवाद रीति को प्रमुख स्थान दिया गया।

स्त्री शिक्षा

प्रारम्भिक काल में बौद्ध मठों में स्त्री का प्रवेश वर्जित था। बाद में उन्हें मठों में रहने की आज्ञा दी गई। अनेक बौद्ध भिक्षुणियों ने उच्च शिक्षा प्राप्त कर बौद्ध धर्म का प्रचार भी किया। उच्च शिक्षा प्राप्त स्त्रियाँ शिक्षण का कार्य भी करती थीं।

शिक्षा केन्द्र

बौद्ध काल में अनेक उच्च शिक्षा केन्द्र थे जिनमें शिक्षा प्राप्ति के लिए दूर से विद्वान तथा छात्र आते थे।

विदेशों में शिक्षा का प्रचार

बौद्ध धर्म के प्रचार के लिए अनेक विद्वान विदेशों में गए तथा वहाँ शिक्षा का प्रचार किया।

बौद्ध काल में व्यावसायिक शिक्षा

इसमें कोई सन्देह नहीं है कि बौद्ध शिक्षा धर्म प्रधान थी परन्तु व्यावसायिक शिक्षा की भी व्यवस्था थी। व्यावसायिक शिक्षा के प्रमुख अंग नीचे दिए गए हैं—

1. लाभप्रद व्यवसायों की शिक्षा–इस श्रेणी में नीचे लिखित व्यवसाय आते थे–
   (i) कृषि, (ii) वाणिज्य, (iii) लेखन कला, (iv) पशुपालन, (v) हिसाब-किताब।
2. भवन निर्माण कला–भवन निर्माण कला का इस युग में आश्चर्यजनक विकास हुआ।

3. मूर्तिकला–भवन निर्माण कला के साथ-साथ मूर्तिकला का भी विस्तृत विकास हुआ। सांची के स्तूप अभूतपूर्व मूर्तिकला का परिचय देते हैं।
4. चित्रकला–अजन्ता तथा अलोरा की चित्रकला बौद्ध काल में इस क्षेत्र में प्रगति की आज भी साक्षी है।
5. प्रावधिक (तकनीकी) तथा वैज्ञानिक शिक्षा–बौद्ध काल में प्रावधिक तथा वैज्ञानिक शिक्षा का उल्लेख प्रसिद्ध पुस्तक मिलिन्द पान्हा (Milinda Panha) में विस्तार से मिलता है।
6. चिकित्सा शास्त्र–जीवक, चरक, धन्वन्तरि आदि महान आयुर्वेदाचार्य बौद्ध युग की ही देन है।

अध्ययन की अवधि

कुल मिलाकर शिक्षा की पूर्ण अवधि 30 वर्ष थी।

सार्वजनिक प्राथमिक शिक्षा

बौद्ध धर्म को जन-जन तक ले जाने के कारण बौद्ध मठों में सार्वजनिक प्राथमिक शिक्षा का प्रावधान था।

शिक्षा का जनतन्त्रीय आधार

बौद्ध शिक्षा केन्द्रों में बिना किसी भेदभाव के शिक्षा की व्यवस्था थी।

शिक्षा संस्थाओं का जनतन्त्रीय संगठन

बौद्ध शिक्षा केन्द्रों का संचालन जनतन्त्रीय आधार पर किया जाता था।

संगठित शैक्षिक संस्थाओं का उदय

बौद्ध काल में शिक्षा प्रदान करने के लिए संगठित शिक्षा-संस्थाओं का उदय हुआ। वैदिक काल में इसके विपरीत शिक्षा प्रदान करने का कार्य व्यक्तिगत शिक्षकों द्वारा किया जाता था।

बौद्ध कालीन शिक्षा के प्रमुख दोष

1. बौद्ध शिक्षा में धार्मिक कट्टरता का संकेत मिलता है।
2. बौद्ध शिक्षा धर्म-प्रदान होने के कारण लौकिक जीवन की उपेक्षा करती थी।

3. अधिकांश विचारकों का मत है कि बौद्ध कालीन शिक्षा में सामन्यतया स्त्री शिक्षा पर उचित बल नहीं दिया।
4. "अहिंसा परमो धर्म:" के सिद्धान्त में बौद्ध शिक्षा में सैनिक शिक्षा की अवहेलना हुई।
5. मठों में भिक्षु तथा भिक्षुणियों के सम्पर्क से शैक्षिक वातावरण में सम्भवत: पवित्रता मे कमी आयी।

बौद्ध कालीन शिक्षा की देन

बौद्ध विहारों में उच्च जीवन व्यतीत करने पर बल दिया जाता था। जाति-पाति का कोई भेद भाव न था। धनी अथवा निर्धनों का भी भेद मिट गया। जीवन में संयम व अनुशासन का संचार करने में भी बौद्ध शिक्षा को पर्याप्त सफलता मिली।

धार्मिक और दार्शनिक शिक्षा के अतिरिक्त बौद्धकालीन शिक्षा सांसारिक भी थी। तत्कालीन शिक्षा पद्धति ने नालन्दा, तक्षशिला तथा विक्रमशिला आदि महान अन्तर्राष्ट्रीय शिक्षा संस्थाओं को जन्म दिया जहाँ उच्च शिक्षा दी जाती थी। बौद्धकालीन विद्यालयों ने चीन, जापान, कोरिया, जावा, ब्रह्मा, लंका, तिब्बत आदि देशों से विद्यार्थियों और जिज्ञासुओं को आकर्षित किया।

बौद्ध शिक्षा ने भवन निर्माण कला, मूर्तिकला तथा चित्रकला को बहुत बढ़ावा दिया।

वैदिक कालीन शिक्षा तथा बौद्धकालीन शिक्षा में समानता

वास्तव में बौद्ध-शिक्षा का गठन वैदिक शिक्षा का अनुकरण करके ही हुआ था। इसलिए दोनों में कुछ समानता होना स्वाभाविक ही है। मुख्य समानताओं का उल्लेख नीचे दिया जा रहा है।

1. दोनों प्रणालियों में उच्च विचारों, सदाचार तथा सरल जीवन पर बल दिया जाता था।
2. दोनों प्रणालियों में धार्मिक और नैतिक जीवन को प्रमुखता दी जाती थी।
3. दोनों प्रणालियों में शिक्षा-सम्बन्धी संस्कारों को महत्त्व दिया जाता था।
4. दोनों प्रणालियों की शिक्षा में बाह्य नियन्त्रण नहीं था।
5. दोनों प्रणालियों में शिक्षण विधि मुख्यत: मौखिक थी।
6. दोनों प्रणालियों में शिक्षा की संस्थाएँ नगरों के कोलाहल से दूर प्रकृति के शान्तमय वातावरण में स्थित थीं।

7. दोनों प्रणालियों में शिक्षा आरम्भ करने की आयु और अध्ययन की अवधि निर्धारित थी।
8. दोनों प्रणालियों में गुरु-शिष्य सम्बन्ध पवित्र, स्नेहपूर्ण और आध्यात्मिक मूल्यों पर आधारित थे।
9. दोनों प्रणालियों में छात्रों की दिनचर्या लगभग एक जैसी थी।
10. दोनों प्रणालियों में भिक्षा माँगने की प्रथा थी।
11. दोनों प्रणालियों में शिक्षा, भोजन और निवास की निःशुल्क व्यवस्था थी।

बौद्ध कालीन शिक्षा तथा वैदिक कालीन शिक्षा में असमानताएँ

बौद्ध धर्म का उदय, वैदिक धर्म के विरूद्ध प्रतिक्रिया के परिणामस्वरूप हुआ था। अतः वैदिक काल और बौद्ध काल की शिक्षा में कुछ अन्तर होना स्वाभाविक था। मुख्य असमानताओं का विवरण इस प्रकार हैं :

1. वैदिक काल में शिक्षा के केन्द्र–आश्रम और गुरुकुल थे परन्तु बौद्ध काल में शिक्षा के केन्द्र–विहार और सुसंगठित शिक्षा-संस्थाएँ थीं।
2. वैदिक काल में शिक्षा का स्वरूप पारिवारिक था। इसके विपरीत बौद्ध काल में शिक्षा का स्वरूप सामूहिक था।
3. वैदिक काल में छात्रों का जीवन अधिक सादा और तपोमय था।
4. बौद्धकाल में वैदिक काल की अपेक्षा गुरु का महत्त्व कम हो गया था।
5. वैदिक काल में शिक्षक केवल ब्राह्मण थे। इसके विपरीत बौद्ध काल में विभिन्न जातियों के भिक्षु शिक्षक थे।
6. बौद्ध काल में उच्च शिक्षा के अनेक संगठित केन्द्र स्थापित थे परन्तु वैदिक काल में ऐसा नहीं था।
7. वैदिक काल में शिक्षा-संस्थाएँ जनतन्त्रवाद के सिद्धान्त पर प्रायः आधारित नहीं थीं। इसके विपरीत बौद्धकाल में शिक्षा-संस्थाएँ जनतन्त्रवाद के सिद्धान्त पर आधारित थीं।
8. वैदिक काल में सामान्य स्कूलों का प्रचलन नहीं था। इसके विपरीत, बौद्ध काल में इन स्कूलों का प्रचलन था।
9. वैदिक काल में शिक्षा का माध्यम संस्कृत थी। इसके विपरीत बौद्ध काल में प्रायः शिक्षा का माध्यम लोकभाषाएँ थीं। परन्तु उच्च शिक्षा प्रायः संस्कृत भाषा में दी जाती थी।

10. वैदिक कालीन शिक्षा वेदों पर आधारित थी। बौद्ध कालीन शिक्षा में बौद्ध दर्शन की प्रभुता थी।
11. वैदिक काल शिक्षा मे जितना बल व्यावसायिक शिक्षा पर दिया जाता था, उतना ही बौद्ध कालीन शिक्षा में भी दिया जाता था।
12. वैदिक कालीन शिक्षा में सैनिक शिक्षा का जितना महत्व था, वह बौद्ध कालीन शिक्षा में नहीं था।

प्राचीन काल में भारत में शिक्षा के केन्द्र (विश्वविद्यालय)

नालन्दा विश्वविद्यालय

ऐतिहासिक पृष्ठभूमि

मगध (बिहार) नालन्दा उच्च शिक्षा का प्रसिद्ध केन्द्र था। इसकी स्थापना गुप्त वंश के सम्राट कुमार गुप्त (414-455A.D.) ने की थी। इस शिक्षा के केन्द्र को बढ़ावा देने के लिए अन्य गुप्त वंशी सम्राटों ने बहुत सी जायदाद लगा दी। इसके लिए अनेक भवनों का निर्माण किया, जहां से शिक्षकों तथा छात्रों के खर्चे का इस प्रकार प्रबंध किया कि नालन्दा को प्रतिवर्ष खर्चे के लिए राशि मिल सके। लगभग 200 गांवों का राजस्व इसके नाम कर दिया। तेरहवीं सदी तक नालन्दा भारत का विख्यात शिक्षा-केन्द्र रहा। मुहम्मद बिन बाख्तियार खिलजी ने आक्रमण करके इस विश्वविद्यालय का विनाश किया।

कहा जाता है कि महात्मा बुद्ध भी नालन्दा में पधारे थे। महात्मा बुद्ध के प्रिय शिष्य सरीपुत्ता का भी यही जन्म स्थान है।

नालन्दा विहार के संस्थापक सम्राट अशोक थे।

प्रसिद्ध चीनी यात्री हवेनसांग (600-664 ई.पू.) ने नालन्दा का विस्तृत विवरण दिया है।

इरिंसग नाम के एक चीनी यात्री (सातवीं शताब्दी) ने भी यहां का विवरण दिया है।

आठवीं शताब्दी के आरम्भ में तिब्बत के राजा ने नालन्दा के एक प्रसिद्ध आचार्य शान्तरसित को अपने देश में ज्ञान का प्रसार करने के लिए बुलाया। कई अन्य विद्वान भी यहां से तिब्बत में ले जाए गए। जिन्होंने बौद्ध धर्म तथा शिक्षा का प्रसार किया।

नालन्दा की ख्याति

शिक्षा दर्शन तथा ज्ञान-विज्ञान के केन्द्र के रूप में नालन्दा की ख्याति देश

से बाहर भी फैल गई। जहां पर हजारों छात्र तथा अनेक विद्वान तथा विचारक देश-विदेश से आने लगे।

नालन्दा में पाठ्यक्रम

नालन्दा में कार्यक्रम बहुत गहन तथा विस्तृत था। इरिसंग के अनुसार महायान बौद्ध शिक्षा का केन्द्र था। परन्तु यहां पर हीनयान बौद्ध, वैदिक धर्म तथा जैन धर्म का भी अध्ययन कराया जाता था।

यहां पर वेद, वेदांग, दर्शन, पुराण हेतु विद्या, न्याय, सांख्यशास्त्र, चिकित्साशास्त्र, शब्द विज्ञान, तर्क तन्त्र, व्याकरण विधि तथा खगोल आदि विषय पढ़ाए जाते थे।

अध्यापक तथा छात्र

नालन्दा के शिक्षक अपने ज्ञान तथा विद्वत्ता के लिए प्रसिद्ध थे। इन चरित्र सवर्था उज्ज्वल तथा निर्दोष था। सदाचार के सब नियमों का पूर्ण तत्परता से पालन करते थे। भारत के सब भागों मे उनका मान था। उनका अनुकरण सर्वत्र किया जाता था।

यहां पर लगभग 1500 शिक्षक पढ़ाते थे। यहां पर जावा, सुमात्रा, जापान, चीन, लंका तथा तिब्बत आदि देशों से छात्र अध्ययन करने आते थे। लगभग 10,000 छात्र इस विश्वविद्यालय में पढ़ते थे।

भारत शिक्षा का उस समय महान केन्द्र था। नालन्दा का अपना विशेष स्थान था। विदेशी डिग्रियों से जुड़े गौरव की आधुनिक शैली का यदि प्रयोग करें तो उस काल के सन्दर्भ में कहा जा सकता है कि "भारत में शिक्षा प्राप्त कर चुके विदेशी छात्र स्वयं को भारत प्रत्यावर्तित (इंडिया रिटर्न) कहलाने में गौरव का अनुभव करते थे।"

नालन्दा का भवन

कहा जाता है कि नालन्दा की भवन रचना कुशल तथा अनुभवी इन्जीनियरी का उत्कृष्ट उदाहरण है। दुर्भाग्यवश आज यहां पर खण्डर ही खण्डर हैं जो विदेशी क्रूरता का द्योतक है। इसको बुरी तरह से नष्ट किया गया। नालन्दा के भग्नावशेष देखने से पता चलता है कि उस समय भवननिर्माण कला कितने उत्कर्ष पर थी।

नालन्दा का पुस्तकालय बड़ा विशाल था। इसमें तीन भवन थे। जिनके नाम थे–रत्नासागर, रत्नोदधि तथा रत्नारंजक। रत्नोदधि-भवन की नौ मंजिलें थीं।

भोजन के लिए बड़े-बड़े भोजनागार बने हुए थे। छात्रों की चिकित्सा आदि का पूरा-पूरा प्रबंध था।

नालन्दा का प्रबंध

नालन्दा का प्रबंध बहुत नियोजित ढंग से किया जाता था। कुलपति को महास्थाविर कहा जाता था। उसकी सहायता के लिए जनतन्त्र के आधार पर परिषद होती थी। कुलपति को परामर्श देने के लिए प्रशासन तथा शिक्षा समितियां थीं। कहा जाता है कि छात्रों को भी प्रशासन में सहभागी बनाया जाता था।

प्रवेश

नालन्दा में प्रवेश के लिए परीक्षा ली जाती थी। यह परीक्षा 'द्वार-पण्डित' लेता था। इस परीक्षा में उत्तीर्ण होना आवश्यक था। यह परीक्षा बहुत कठिन थी। केवल 20 व 30 प्रतिशत छात्र परीक्षा में उत्तीर्ण होते थे।

विक्रमशिला

ऐतिहासिक पृष्ठभूमि

विक्रम शिला विश्वविद्यालय मगध में था। इसकी स्थापना नवीं सदी में पालवंश के राजा धर्मपाल ने की थी। धर्मपाल बौद्धधर्म का अनुयायी था।

विक्रमशिला में आरम्भ में सौ से ऊपर आचार्य थे। इसके खर्च के लिए पालवंशी सम्राट धनराशि दिया करते थे। यहां पर बहुत से छात्र दूरन्दराज से शिक्षा पाने के लिए आते थे। कुछ समय के पश्चात् विक्रमशिला के विकास से नालन्दा की कीर्ति कुछ मन्द पड़ने लगी।

यह विश्वविद्यालय लगभग चार सदियों तक रहा। इसे भी विदेशी आक्रमणकारियों ने तहस नहस किया।

पाठ्यक्रम

विक्रमशिला में बौद्ध-साहित्य, वैदिक साहित्य तथा अन्य कई ज्ञान-विज्ञान पढ़ाए जाते थे। तन्त्र विद्या का इस समय बहुत प्रसार हो गया था।

शिक्षकों की संख्या

विक्रमशिला में शिक्षकों की संख्या लगभग 650 थी।

छात्रों की संख्या

अनुमान लगाया जाता है कि छात्रों की संख्या हजारों में थी। विक्रमशिला भवन के सभागार में 8,000 तक अध्यापक तथा छात्र बैठ सकते थे।

विश्वविद्यालय के बाहर एक धर्मशाला थी।

विश्वविद्यालय में प्रवेश

विक्रमशिला विश्वविद्यालय में द्वारपण्डितों की संख्या छः थी। ऐसा अनुमान लगाया जाता है कि विक्रमशिला में छः महाविद्यालय थे। प्रत्येक महाविद्यालय का एक द्वारपण्डित होता था। प्रवेश के लिए छात्रों की परीक्षा द्वारपाल लिया करते थे।

ख्यातिप्राप्त शिक्षक

विक्रमशिला में अध्ययन किए हुए छात्रों में से अनेकों ने बहुत ख्याति पायी। विद्वान अनीश का नाम इतना विख्यात था कि उन्हें तिब्बत में बौद्ध-धर्म की पुनः स्थापना के लिए बुलाया गया।

वल्लभी

वल्लभी शिक्षा केन्द्र काठियावाड़ में पांचवी तथा आठवीं शताब्दी के बीच बौद्ध शिक्षा का प्रसिद्ध केन्द्र था। धर्मशास्त्र की शिक्षा के अतिरिक्त राजनीति तथा चिकित्सा आदि की शिक्षा का प्रबंध था। जहां से शिक्षा प्राप्त करके स्नातक प्रायः राजदरबारों में उच्च स्थान प्राप्त करते थे।

मिथिला

मिथिला प्राचीन काल में ब्राह्मण शिक्षा का प्रसिद्ध केन्द्र था। प्रसिद्ध दार्शनिक राजा जनक के काल में इसकी ख्याति दूर-दूर तक फैल गई। यहां पर जगधारा नामक विद्वान ने अनेक रचनाएं कीं। प्रसिद्ध कवि विद्यापति इसी स्थान पर अपना कार्य करते थे। न्याय की शिक्षा के लिए यह विश्वविद्यालय प्रसिद्ध था।

स्नातक उपाधि प्रदान करने के लिए एक विचित्र प्रकार की परीक्षण व्यवस्था थी जिसे 'शालाका परीक्षा' कहा जाता था। पाण्डुलिपियों के किसी भी पन्ने में सूई डाली जाती थी तथा उन्हीं पन्नों के पाठों के आधार पर छात्रों की परीक्षा ली जाती थी। इसका तात्पर्य था कि छांत्र ने सम्पूर्ण पुस्तक का ज्ञान प्राप्त कर लिया है।

तक्षशिला

आधुनिक रावलपिण्डी (पाकिस्तान) के लगभग 50 किलोमीटर पश्चिम में तक्षशिला नगरी थी। जहां पर एक प्रसिद्ध उच्च शिक्षा केन्द्र था। इसकी ख्याति ईसा पूर्व 1,000 वर्ष से ईसा शताब्दी 500 तक रही।

भगवान् बुद्ध के समय में तक्षशिला की प्रसिद्धि स्थिर हो चुकी थी जिससे मगध के विद्यार्थी भी यहाँ आते थे। यथा जीवक सिकन्दर को यहाँ के दार्शनिकों ने चकित किया। कुशनों के समय तक यहाँ के शिक्षक तथा विद्यार्थी बड़े प्रसिद्ध

थे। उसके बाद यहाँ का महत्त्व घटने लगा और फाह्यान को यहाँ कुछ महत्त्वपूर्ण न दिखाई दिया, तथा ह्वेनसांग को केवल खंडहर मिले।

तक्षशिला के आचार्यों के पास पाँच-पाँच सौ तक विद्यार्थी आते थे। अपने घर में उनके निवास अथवा भोजन का प्रबन्ध वे न कर सकते थे। इसलिए नियंत्रित छात्रावासों की प्रथा चल पड़ी। यहाँ के विद्यार्थी या तो शुल्क प्रथम ही चुका देते थे, अथवा अपने श्रम से गुरु की सेवा करते थे। पढ़ाने में भी आचार्य अपने कुशल विद्यार्थियों की सहायता लिया करते थे। प्रारम्भिक विद्यार्थियों के शिक्षण का भार इन्हीं पर रहता था।

तक्षशिला में वैदिक तथा साहित्यिक शिक्षा के साथ आयुर्वेद तथा शिल्पों की शिक्षा का भी प्रबन्ध था। ज्योतिष, मूर्तिकला आदि का यह प्रधान केन्द्र था। यहीं के यूनानी मूर्तिकार तथा ज्योतिषी बहुत निपुण माने गये थे। बाहरी सभ्यताओं से सम्पर्क का मुख्य केन्द्र तक्षशिला था। यहाँ पर संस्कृत तथा यूनानी आदि साहित्यों का अध्ययन होता था।

काशी

यहाँ के शिक्षक भगवान् बुद्ध के समय से ही प्रख्यात थे। जातकों में यहाँ के दार्शनिक राजा अजातशत्रु का वर्णन है। उनमें यहाँ के अन्य प्रमुख आचार्यों का भी वर्णन है जो वेद तथा अठारह शिल्पों की शिक्षा देते थे। ईसा पूर्व प्रथम शताब्दी तक तक्षशिला के अध्यापक काशी तथा मगध के विद्यार्थियों को आकृष्ट करते रहे। उसके बाद काशी की समता का कोई शिक्षा-केन्द्र उत्तरी भारत में न था। यहाँ के बौद्ध विहारों में बौद्ध शिक्षा भी दी जाती थी।

काशी में जैनों, बौद्धों तथा हिन्दुओं सभी के तीर्थ स्थल हैं। यहाँ सभी प्रकार की शिक्षा दी जाती थी। बौद्ध शिक्षा का अन्त एक विशेष विदेशी आक्रमणकारी बख्तियार ने कर दिया परन्तु वह आक्रमणकारी वैदिक शिक्षा का कुछ भी न बिगाड़ सका क्योंकि उसके लिए कोई मठ अथवा मन्दिर न थे। उसके लिए तो प्रत्येक शिक्षक का निवासस्थान ही स्कूल का स्थान था।

दक्षिण भारत में उच्च शिक्षा संस्थाऐं

काँची

सातवीं ई. में दक्षिण भारत में काँची एक प्रसिद्ध शिक्षा केन्द्र था। इसे दक्षिण की काशी की संज्ञा दी जाती थी। विभिन्न भागों से छात्र और विद्वान अध्ययन के लिए आते थे। यहां संस्कृत भाषा के साहित्य को प्रोत्साहित किया जाता था। वेदों तथा अन्य ब्राह्मण धर्म ग्रन्थों का अध्ययन किया जाता था। पल्लव वंश के शासक हिन्दु धर्म तथा संस्कृति के उपासक थे।

एन्नायरम मन्दिर महाविद्यालय (अरकौट जिले में) विभिन्न विषयों में छात्रों के स्थान निश्चित किए गये थे। इस प्रकार ऋग्वेद तथा यजुर्वेद में 75 स्थान तथा अथर्ववेद में 10, सामवेद में 40, वेदान्त 25, व्याकरण 25, मिमांसा 35 तथा रूपर्वतया 40 स्थान निश्चित किये गये। मुख्य तौर से यह संस्था वैदिक महाविद्यालय थी।

अध्यापक

ऋग्वेद तथा यजुर्वेद पढ़ाने के लिए तीन-तीन शिक्षक थे। मीमांसा के लिए दो तथा अन्यों के लिए एक-एक। 340 छात्रों के लिए 16 अध्यापक थे। इस प्रकार अध्यापक-छात्र का व्यक्तिगत सम्पर्क था।

छात्रों के लिए सुविधाएँ

छात्रों के भोजन का निःशुल्क प्रावधान था। प्रतिदिन प्रति छात्र को एक सेर चावल दिया जाता था। इससे उनके भोजन का प्रबन्ध हो जाता था। छात्रों को कुछ वार्षिक भत्ता भी दिया जाता था।

अध्यापकों के वेतन

अध्यापकों को प्रतिदिन 16 सेर चावल दिए जाते थे। न तो अध्यापक निर्धन थे और न ही अमीर।

समुदाय से सहायता

स्थानीय समुदाय ने महाविद्यालय के नाम 300 एकड़ जमीन की थी जिस की आय से महाविद्यालय के चलाने का प्रबन्ध किया जाता था।

बह्र महाविद्यालय

यह महाविद्यालय पाण्डेचेरी के समीप था। जहां पर चौदह विषय पढ़ाए जाते थे।

सलोतगी महाविद्यालय (बीजापुर जिला)

यहां पर राष्ट्र राजाओं ने आठवीं शताब्दी में एक मन्दिर के हाल में संस्कृत महाविद्यालय की स्थापना की थी। कालान्तर में छात्रों के लिए 27 छात्रावासों का प्रबंध किया गया। दूर-दूर से छात्र इस महाविद्यालय में अध्ययन के लिए आते थे। ग्राम निवासी मुक्त हृदय से इस महाविद्यालय को दान देते थे।

4

प्राचीन भारत में शासकों का शिक्षा तथा ज्ञान-विज्ञान के प्रसार तथा विकास में योगदान

(Contribution of the Rulers to the Spread and Promotion of Education, Knowledge and Science in Ancient India)

मौर्यकाल में शिक्षा

चौथी शताब्दी ई.पू. भारत में मौर्य साम्राज्य की स्थापना इस इतिहास की एक अद्वितीय घटना मानी जाती है। कभी-कभी यह भी कहा जाता है कि भारत का इतिहास, तिथियों की दृष्टि से इस काल से आरम्भ होता है। चन्द्रगुप्त मौर्य (324 ई.पू. से 300 ई.पू.) मौर्य वंश का संस्थापक थी। इस काल में इसके प्रधानमंत्री चाणक्य ने 'अर्थशास्त्र' नामक पुस्तक की रचना की। इस पुस्तक को आज भी मान्यता प्राप्त है। अर्थशास्त्री, प्रशासक तथा राजनीतिज्ञ इस पुस्तक को एक मानक पुस्तक के रूप में देखते हैं। इस पुस्तक की रचना से यह आभास होता है कि शिक्षा का स्तर बहुत उत्कृष्ट था।

कौटिल्य (चाणक्य) के अतिरिक्त अन्य विद्वानों ने अनेक पुस्तकों की रचना की-जैसे भद्रबाहु कृत 'कल्पसूत्र' पतंजलि कृत 'महामात्य' पाणिनी कृत 'अष्टाध्यायी' वात्स्यान कृत 'काम सूत्र' तथा कात्यायन कृत 'वाजसनेयी साख्य'।

अशोक सम्राट ने अनेक राजाज्ञाएँ जारी की जिन्हें शिलालेख कहा जाता है। ये राजाज्ञाएँ लगभग 45 स्थानों पर मिली हैं। इनसे स्पष्ट होता है कि जनसाधारण की शिक्षा का उचित प्रबन्ध था। ये शिलालेख जनता के लिए मार्गदर्शक के रूप में थे। इन लिखित शिलालेखों के माध्यम से सम्राट अशोक अपनी जनता से अपने

अंतर्मन की भावनाएँ प्रगट करते थे। ये शिलालेख ऐसे स्थानों पर थे जहां जनता सुगमता से इन्हें पढ़ सकती थी।

अशोक के काल में मूर्ति कला तथा वास्तु शिल्प को एक नया आयाम मिला।

मौर्य काल में उच्च शिक्षा के अनेक केन्द्र विकसित हुए। तक्षशिला तथ नालन्दा उच्च शिक्षा के सर्वाधिक प्रसिद्ध केन्द्र थे।

कुशासन शासन तथा उत्तर मौर्यकाल में शिक्षा

कनिष्क (78 ई. से 101 ई.) एक सक्षम शासक, सभी धर्मों के प्रति सहिष्णुता रखने वाला, स्तूपों के निर्माण में रुचि रखने वाले, शिक्षा, कला तथा साहित्य प्रेमी था। विद्वानों का संरक्षक थे।

कनिष्क के काल में सर्वाधिक प्रसिद्ध विद्वान अश्वघोष था। वह नाटककार, कवि तथा दार्शनिक था। उसकी काव्य रचना 'बुद्ध चरितम' साहित्यिक तथा एतिहासिक महत्त्व का ग्रन्थ है जो भगवान बुद्ध के जीवन के विभिन्न पक्षों पर प्रकाश डालता है। 'बुद्ध चरितम' की तुलना वाल्मीकि रचित रामायण से की जाती है। 'वज्रसूची' में हिन्दुओं में प्रचलित जातिप्रथा की निंदा की गई है। 'श्रपुत्र' एक नाट्य कृति है। अश्वघोष की कृतियों की तुलना मिल्टन, गोथे, कांट, वोल्टायर जैसे विद्वानों की कृतियों से की गई है।

कनिष्क के दरबार में एक अन्य महान विद्वान थे नागार्जुन। ह्वेनसांग ने इन्हें विश्व के देदीप्यमान खगोलशास्त्री माना। वे दार्शनिक के साथ-साथ एक महान वैज्ञानिक भी थे। उन्होंने अपनी कृति 'माध्यमिक सूत्र' में आपेक्षिकता के सिद्धान्त का प्रतिपादन किया। इन्हें 'भारत के आइंस्टीन की संज्ञा दी जाती है। इस संबंध में यह उल्लेखनीय है कि भारत में यह सब कुछ हजारों वर्ष पश्चिम से पूर्व हुआ।

कनिष्क के काल में गांधार कला शैली का विकास हुआ। और मथुरा कला और मथुरा कलाशैली। उत्तर मौर्य काल में चिकित्साशास्त्र के महान विद्वान चरक ने अपने प्रसिद्ध ग्रंथ 'चरक संहिता' में औषधियों, वनस्पतियों और रसायनों का विशद विवरण प्रस्तुत किया।

वराहमिहिर ने अपनी कृति पंच-सिद्धान्ती' में गणित ज्योतिष की पांच विधाओं पर अत्यधिक उपयोगी सूचना उपलब्ध कराई। शल्यचिकित्सा के क्षेत्र में पच्चीस प्रकार के उपकरणों का प्रयोग किया जाता था।

महान शल्य चिकित्सक सुश्रुत ने 'सुश्रुत संहिता' की रचना की जो शल्य चिकित्सा का एक विश्वकोश है।

गुप्तकाल में शिक्षा, दर्शन तथा विज्ञान में प्रगति

गुप्तकाल (300-500 ई.) को प्रायः भारत का 'स्वर्णयुग' कहा जाता है। इस काल में जीवन के विभिन्न क्षेत्रों में उन्नति हुई। शिक्षा, संस्कृति, दर्शन तथा विज्ञान के क्षेत्र में भी समुद्रगुप्त तथा चन्द्रगुप्त द्वितीय ने महत्त्वपूर्ण योगदान दिया। संस्कृत साहित्य में उल्लिखित सम्राट विक्रमादित्य संभवतः चन्द्रगुप्त द्वितीय था।

चन्द्रगुप्त का दरबार महाकवि तथा नाटककार कालिदास, अमरसिंह कोशकार, धन्वंतरि (वैद्य), घटकर्पर (कवि), क्षपशाक (खगोलज्ञ) शंकु (वास्तुकार), वरहमिहिर (खगोलज्ञ) वररुचि (वैयाकरणज्ञ) तथा वेतालयट्ट जैसे विख्यात नवरत्नों से सुशोभित था।

इस काल में असंग, वसुबंधु, कुमारजीव जैसे प्रसिद्ध बौद्ध विद्वानों ने अपनी महान कृतियों की रचना की।

गुप्त काल को 'संस्कृत साहित्य का भी स्वर्णकाल' कहा जाता है।

कालिदास द्वारा रचित नाटक 'अभिज्ञान शाकुंतलम्' प्रायः विश्व के एक सौ सर्वोत्तम साहित्यिक कृति कृतियों में माना जाता है। उनकी महत्त्वपूर्ण काव्यात्मक कृतियां हैं–'ऋतु संहार' 'मेघदूत', 'रघुवंश' तथा 'कुमार संभव', 'मालविकाग्निमित्र' तथा 'विक्रम उर्वशी' द्वारा रचित दो अन्य प्रसिद्ध नाटक हैं। गुप्तकाल के एक अन्य महान कवि तथा नाटककार विशाख दत्ते थे। उनकी प्रसिद्ध कृति 'मुद्राराक्षस' है जिसमें नन्द काल की राजनैतिक स्थिति का विवरण है।

शुद्रक का 'मृच्छकटिक' गुप्तकाल की सामाजिक स्थिति पर प्रकाश डालता है।

समुद्रगुप्त के दरबार में हरिसेन एक महान कवि थे। वे इलाहाबाद के स्तंभ पर समुद्रगुप्त की प्रशंसा में लिखी गई कविता के रचनाकार के रूप में प्रसिद्ध हैं। भारवी ने अपने महान काव्य 'किरातर्जुनीय' में शिव तथा अर्जुन के बीच युद्ध का विवरण दिया है। भास 13 नाटकों के रचनाकर के रूप में प्रसिद्ध हैं।

विज्ञान शिक्षा के क्षेत्र में प्रगति

गुप्तकाल में गणित, खगोल विज्ञान तथा रसायन विज्ञान ने बहुत प्रगति की। गणित तथा खगोल विज्ञान के क्षेत्र में आर्य भट्ट वराहमिहिर और ब्रह्मदत्त की कृतियों को आज भी ज्ञान के क्षेत्र में भारत का अपूर्व योगदान माना जाता है।

अपने ग्रंथ, आर्यभट्टिया, में आर्यभट्ट ने पहली बार उद्घाटन किया कि पृथ्वी अपने अक्ष पर घूमती है और सूर्य की परिक्रमा करती है। आर्यभट्ट ने सूर्य-ग्रहण और चंद्र-ग्रहण होने के कारणों की खोज की। इनकी एक अन्य

युगांतरकारी खोज थी। आवर्तन की दशमलव प्रणाली जिससे अंकगणितीय परिकलन की प्रक्रिया में क्रांति आ गई। इन्होंने पाई (π) का बहुत यथार्थ मान 3.1416 बताया जो इसके आधुनिक मान 3.14159 के सन्निकट है। इन सब कारणों से आर्यभट्ट को भारत का न्यूटन कहा जाता है। नागार्जुन के बारे में माना जाता है कि इन्होंने ऑक्साइड उपचार की शुरुआत की। ये उस काल के महान रसायनज्ञ थे।

वराहमिहिर उस काल में एक अन्य महान वैज्ञानिक थे। उनके द्वारा रचित पंचसैद्धान्तिक खगोल-विज्ञान की एक प्रसिद्ध पुस्तक है। वराहमिहिर की प्रतिमा उनकी अत्यधिक महत्त्वपूर्ण कृति बृहत संहिता में प्रतिबिंबित होती है जो गणित-ज्योतिष, वास्तुकला, भूगोल, प्रतिबिंब निर्माण और आभूषण निर्माण आदि जैसे अनेक विज्ञानों का विश्वकोश है। उस काल के एक अन्य खगोल शास्त्री ब्रह्मगुप्त ने ब्रह्म सिद्धांत की रचना की।

औषधि

इस काल में औषधि के क्षेत्र में भी व्यापक प्रगति हुई। दो महान वैद्यों वागभट्ट और बालभट्ट ने औषधि विज्ञान पर ग्रंथों की रचना की।

इस काल की दो अन्य महत्त्वपूर्ण कृतियाँ हैं 'अष्टांग संग्रह' और 'अष्टांग हृदयसंहिता।'

धातुकर्म

धातुकर्म में वैज्ञानिकों ने इतना व्यापक ज्ञान प्राप्त कर लिया था कि उस काल के शिल्पियों ने महरौली स्थित लौह स्तंभ का निर्माण किया जिस पर 15 शताब्दियाँ बीत जाने के बाद भी आज तक जंग नहीं लगा है। गुप्तकाल के सिक्कों से भी उस काल के उच्च धातुकर्मीय कौशल का पता चलता है।

उस काल में पशुओं के रोगों और उनके उपचार पर हस्त्यायुर्वेद और अश्वायुर्वेद नामक ग्रंथ लिखे गए जिससे यह ज्ञात होता है कि उस काल में पशु चिकित्सा पर भी विशेष ध्यान दिया जाता था।

कला और वास्तुशिल्प शिक्षा के क्षेत्र में उल्लेखनीय उपलब्धियाँ

गुप्त वंश के शासकों के शासनकाल में कला और वास्तुशिल्प में भारी प्रगति हुई। भारतीय अपनी कलात्मक और सृजनात्मक प्रतिभा को अत्यधिक सुंदरता से अभिव्यक्ति प्रदान कर सकते थे। उस काल में मथुरा, वाराणसी और पाटलिपुत्र कला के महान केन्द्र थे।

सिक्के

गुप्तकालीन सिक्के मुद्राविषयक कला के बेहतरीन नमूने हैं। उनकी सुंदर आकृतियां हैं और उन पर शासकों, महारानियों और पशुओं आदि के चित्र बड़ी सुंदरता से उत्कीर्ण किए गए हैं।

टेराकोटा (पकी मिट्टी)

गुप्तकाल में पकी मिट्टी से आकृतियाँ आदि बनाने की कला काफी लोकप्रिय और बेहतरीन थी। टेराकोटा से सुंदर मानव आकृतियाँ और हिंदू देवी-देवताओं की मूर्तियाँ बनाई गईं। पकी मिट्टी से बनी मूर्तियों को मंदिरों और स्तूपों में सजाया गया।

वास्तुशिल्प

इस दौरान अनेक हिंदू और जैन मंदिरों तथा बौद्ध स्तूपों और मठों का निर्माण कराया गया। दुर्भाग्यवश इनमें से अधिकांश इस समय अस्तित्व में नहीं हैं। देवगढ़ का विष्णु मंदिर, भीतरगाँव का ईंटों का मंदिर, भुमारा का शिव मंदिर विद्यमान नमूने हैं। गुप्तकाल में चट्टानों को काटकर बनाए गए गुफा मंदिर के स्थान पर पत्थर-दर-पत्थर रखकर संरचनात्मक मंदिरों का निर्माण कराया गया। प्राचीनतम ज्ञात संरचनात्मक मंदिर है–ऐहोल में। लगभग 350 ई. या उससे भी पहले भारी पत्थरों से निर्मित किया गया समतल छत वाला एक छोटा तीर्थ मन्दिर।

मूर्तिकला

विष्णु, शिव और अन्य हिंदू देवी-देवताओं की मूर्तियां और साथ ही बौद्ध तथा जैन धर्मों की मूर्तियां अपने-आप में बेजोड़ हैं।

चित्रकला

इस काल में चित्रकला अपने उत्कर्ष पर पहुँच गई थी जैसा कि अजंता की गुफाओं और वाघ गुफाओं के भित्ति चित्रों से देखा जा सकता है।

लोहा और पत्थर काटने और पॉलिश करने की कला

महरौली का लौह स्तंभ, इलाहाबाद स्थित शिला अभिलेख और मथुरा का शिला अभिलेख, ये सभी उस काल के शिल्पकारों की महान धातुकर्मीय निपुणता के प्रमाण हैं।

अन्तर्राष्ट्रीय ख्याति प्राप्त

पाठशालाओं और मन्दिर-विद्यालयों के विशाल तन्त्र के अतिरिक्त इस काल में नालन्दा, सारनाथ, उज्जयिनी, अजंता तथा तक्षशिला में स्थित उच्च केन्द्रों का विश्वव्यापी महत्त्व था। उदाहरण के तौर पर तक्षशिला औषधि विज्ञान के क्षेत्र में, अजंता कला और वास्तुशिल्प के क्षेत्र में, उज्जयिनी गणित-ज्योतिष तथा खगोल के क्षेत्र में तथा सारनाथ दर्शन तथा धर्म के क्षेत्र में।

इसी प्रकार वल्लभी तथा विक्रमशिला ज्ञान के महान केन्द्र थे।

भारत शिक्षा का एक महान केन्द्र बन चुका था। विदेशी उपाधियों से जुड़े गौरव की आधुनिक भाषा अथवा शैली का प्रयोग करें जो उस काल के सन्दर्भ में कहा जा सकता है कि भारत से शिक्षा प्राप्त कर चुके विदेशी स्वयं को 'भारत प्रत्यावर्तित' (इंडिया रिटर्न) कहलाने में गौरव का अनुभव करते थे।

हर्षवर्धन के काल में शिक्षा (604 से 647 ई.)

हर्षवर्धन के काल में शिक्षा के प्रत्येक क्षेत्र में बहुत उन्नति की। शिक्षा 9 वर्ष से आरम्भ होकर 30 वर्ष की आयु तक पूरी हो जाती थी। ह्वेनसांग (600-644 ई.) जैसे विद्वान भारत में चीन से आए। स्वदेश लौटते समय वह अपने साथ 650 हस्तलिखित पुस्तकें ले गये। नालन्दा विश्वविद्यालय का विवरण अलग से दिया गया है।

हर्षवर्धन के काल में साहित्यिक क्रियाकलापों के प्रति भारी प्रेम था। राज्य का एक चौथाई राजस्व विद्वानों, साहित्य तथा शिक्षा पर व्यय होता था।

हर्षवर्धन स्वयं उच्च कोटि का लेखक था। उसने तीन नाटक-रत्नावली, नागानंद और प्रियदर्शिका लिखे। हर्षवर्धन के दरबारी कवि वाणभट्ट ने 'हर्षचरित' की रचना की। उस काल के शिलालेखों से स्पष्ट है कि शिक्षा सर्वसाधारण को उपलब्ध थी।

प्राचीन दक्षिण भारत में शिक्षा : संगम साहित्य तथा उनके संरक्षक

संगम शब्द संस्कृत के संघ शब्द का तमिल रूप है, जिसका अर्थ है व्यक्तियों का एक समूह। पांड्य शासकों के संरक्षण में तीन-अलग अवधियों में अलग-अलग स्थानों पर विद्वानों तथा उत्कृष्ट कवियों के संगम या सम्मेलन आयोजित किए गए। इतिहास साक्ष्यों के अनुसार अगस्त्य ऋषि की अध्यक्षता में

पहला संगम मदुरै (दक्षिणी मदुरै) में आयोजित किया गया था जिसमें 4,449 विद्वानों तथा कवियों ने भाग लिया।

दूसरा संगम पांड्य शासकों की दूसरी राजधानी कबदपुरम में आयोजित किया गया था। इसमें 3,000 उत्कृष्ट विद्वानों और कवियों ने भाग लिया था।

तीसरा संगम मदुरै में सम्पन्न हुआ जिसमें 444 विद्वानों तथा कवियों ने भाग लिया।

यहां यह लिखना आवश्यक प्रतीत होता है कि इस प्रकार के इतनी संख्या में संगम अथवा सम्मेलन प्राचीन काल में किसी भी देश में सम्भवतः नहीं हुए। यह इस बात का प्रतीक है कि शिक्षा का प्रसार व्यापक था तथा जनता की रुचि भी।

संगम साहित्य की रचना का काल 500 ई.पू. और ईसवी 300 के बीच है। संगम साहित्य अत्यन्त समृद्ध है।

संगम साहित्य के अतिरिक्त उस काल में 'तोलकप्पियम' नामक एक प्रसिद्ध ग्रन्थ की भी रचना हुई जो व्याकरण और काव्यशास्त्र का एक मानक ग्रन्थ है।

इसी काल की अन्य कृति 'तिरूक्कुरल' है जो दर्शन व नीति वाक्यों का संग्रह है।

तमिल साहित्य के दो महाकाव्यों 'शिलप्पदिकारम' तथा 'मणिमेखली' की रचना छटी शताब्दी ई. के आस-पास हुई।

दक्षिणी राज्यों में कला, वास्तुशिल्प, चित्रकारी और मूर्तिकला का व्यापक विकास हुआ।

5

प्राचीन धर्म ग्रन्थों में शिक्षा संबंधी मंत्र एवं सूक्तियां

शिक्षा संबन्धी वेदों में सूत्र

1. वर्धयैनं ज्योतियैनं .. संशितं चित् संतरं सं शिशाधि। अ० 7/16/1
2. केतुं कृणवन् अकेतवे, पेशो मर्या अपेशसे। ऋग्० 1/6/3
3. शिक्षमाणस्य देव क्रतुं दक्षं वरुण सं शिशाधि। ऋग्० 8/42/3
4. ब्रह्म जिन्वतम् उत जिन्वतं धिय:। ऋग्० 8/35/16
5. आचार्य:, आचारं ग्राहयति। निरुक्त 1/4
6. आचार्यो मृत्यु:। अ० 11/5/14
7. ज्योतिष्मत: पथो रक्ष धिया कृतान्। ऋग्० 10/53/6
8. आचार्यस्ततक्ष .. उर्वी गम्भीरे पृथिवीं दिवं च। अ० 11/5/8
9. विद्वान् पदस्य गुह्या न वोचत्। ऋग्० 7/87/4
10. शिक्षानर: प्रदिवो अकामकर्शन:। अ० 20/21/2
11. ब्रह्मणा पूता:। अ० 11/1/18
12. अदब्धेन ब्रह्मणा वावृधान:। अ० 17/1/12
13. ब्रह्मणा वर्मणा०। अ० 17/1/28।
    ब्रह्म वर्म ममान्तरम्। ऋग्० 6/75/19
14. नो च विद्विषते मिथ: .. संज्ञानं पुरुषेभ्य:। अ० 3/30/4
15. अनुमति: .. सुवीरतायै, प्रमति: .. देवगोपा। अ० 7/20/5
16. प्र सुमतिम् ... ऊतये। अ० 4/25/6
17. यजु० 32/13 से 15। अ० 6 108/1 से 5

18. मेधां सूर्यस्त रश्मिभिः०। अ० 6/104/5
19. मेधाम् ऋतस्य जग्रभ। अहं सूर्य इवाजनिं। अ० 20/115/1
20. स स्नाती ... पृथिव्यां बहु रचित। अ० 11/5/26
21. से देवानी भवत्येकमङ्.गम्। अ० 5/17/5
22. स आचार्य तपसा पिपर्ति। अ० 11/5/1
23. इन्द्रो ह भूत्वा-असुरान् ततर्ह। अ० 11/5/7
24. आचार्यो मृत्युर्वरुणः सोम ओषधयः पयः। अ० 11/5/14
25. जीमूता आसन् सत्वानः तैरिदं स्वराभृतम्। अ० 11/5/14
26. तद् ब्रह्मचारी प्रायच्छत् स्वान्०। अ० 11/5/15
27. ऐत०ब्रा० 5/14। शत०ब्रा० 11/3/3/7। छान्दोग्य उप० 2/23/2
28. ब्रह्मचार्यसि, अपोऽशान, कर्म कुरु, दिवा मा स्वाप्सीः, आचार्याधीनो वेदमधीष्व।

    आश्व.गृह्य० 1/22/1-2
29. प्राणापानौ .. वाचं मनो हृदयं ब्रह्म मेधाम्। अथर्व० 11/5/24
30. ब्रह्मचारी .. श्रमेण लोकान् तपसा पिपर्ति। अ० 11/5/4
31. मृत्योरहं ब्रह्मचारी .. तमहं ब्रह्मणा तपसा श्रमेण .. सिनामि।

    अ० 6/133/3
32. ब्रह्मचारी सिञ्चति सानौ रेतः ... तेन जीवन्ति प्रदिशश्चतस्त्रः।

    अ० 11/5/12
33. तौ रक्षति तपसा ब्रह्मचारी। अ० 11/5/10
34. स आचार्य तपसा पिपर्ति। अ० 11/5/1
35. सर्वान् स देवान् तपसा पिपर्ति। अ० 11/5/2
36. श्रमेण लोकान् तपसा पिपर्ति। अ० 11/5/4
37. गुहा निधी निहितौ ब्राह्मणस्य, तौ रक्षति तपसा ब्रह्मचारी। अ० 11/5/10
38. अ० 11/5/6 और 13
39. ब्रह्मचर्येण कन्या युवानं विन्दते पतिम्। अ० 11/5/18
40. आचार्य उपनयमानो .. रात्रीस्तिस्त्र उदरे बिभर्ति०। अ० 11/5/3
41. तान् उशतो वि बोधय। ऋग्० 1/12/4
42. अप्नस्वती मम धीरस्तु। ऋग्० 10/42/3
43. शिक्षेयमस्मै दित्सेयम् .. मनीषिणे। ऋग्० 8/14/2
44. शिक्षेयम् इन्महयते दिवेदिवे। ऋग्० 7/32/19
45. विद्या ह वै ब्राह्मणमा जगाम, गोपाय मा शेवधिष्टेऽहमस्मि।
    असूयकायाऽनृजवेऽयताय, न मा ब्रूया वीर्यवती तथा स्याम्।।
    यमेव विद्याः शुचिमप्रमत्तं, मेधाविनं ब्रह्मचर्योपपन्नम्।

यस्ते न द्रुह्येत् कतमच्चनाह, तस्मै मा ब्रूया निधिपाय ब्रह्मन्।।

निरुक्त 2/4

46. तैत्ति० उप० 1/11/2
47. सं श्रुतेन गमेमहि, मा श्रुतेन विराधिषि। अ० 1/1/4
48. विश्वान् देवान् उषर्बुधः। ऋग्० 1/14/9
49. मा नो निद्रा ईशत मोत जल्पिः। ऋग्० 8/48/14
50. तान् उशतो वि बोधय। ऋग्० 1/12/4
51. शिशीहि मा शिशयं त्वा शृणोमि। ऋग्० 10/42/3
52. मय्येवास्तु मयि श्रुतम्। अ० 1/1/2
53. मा शिश्नदेवा अपि गुर्ऋतं नः। ऋग्० 7/21/5
54. ब्रह्मचर्येण कन्या युवानं विन्दते पतिम्। अ० 11/5/18
55. ब्रह्मचर्येण तपसा देवा मृत्युमुपाघ्नत। अ० 11/5/19

शिक्षा का उद्देश्य

वर्धयैनं ज्योतयैनं महते सौभगाय। संशितं चित् संतरं सं शिशाधि।

अ० 7/16/1

बुद्धि का परिष्कार और बौद्धिक विकास

अथर्ववेद का कथन है कि शिक्षा का उद्देश्य है–व्यक्ति की बुद्धि को विकसित करना, उसे परिष्कृत करना, उसे तीक्ष्ण बनाना, उन्नति की ओर ले जाना और महान् सौभाग्य प्राप्त करना।

तपस्तप्यामहे .. श्रुतानि शृण्वन्तः ... सुमेधसः। अ० 7/61/2

जीवन को तपस्वी बनाना

शिक्षा का अन्य उद्देश्य है–जीवन को सधा हुआ बनाना। तप और साधना से ही जीवन सधा हुआ बनता है। इसके लिए साधारण और कठिन साधनाएँ करनी पड़ती हैं। अतः अथर्ववेद का कथन है कि तपस्वी जीवन व्यतीत करते हुए, वेदों को पढ़ते हुए, दीर्घायु और मेधावी हों।

इदमहम् अनृतात् सत्यमुपैमि। यजु० 1/5

आचार शिक्षा और चरित्र-निर्माण

शिक्षा के उद्देश्य में अन्य महत्त्वपूर्ण तथ्य हैं–चरित्रनिर्माण, सत्यनिष्ठता,

सत्याचरण। असत्य, झूठ, छल-प्रपंच आदि का परित्याग। जब तक चारित्रिक शुद्धि और परिष्कार नहीं होगा, तब तक विद्या फलीभूत नहीं होगी। अतएव यजुर्वेद में कहा गया है कि—मैं असत्य को छोड़कर सत्य को अपनाता हूँ।

व्रतेन दीक्षामाप्नोति, दीक्षयाप्नोति दक्षिणाम्।
दक्षिणा श्रद्धामाप्नोति, श्रद्धया सत्यमाप्यते॥ यजु० 19/30

व्रत और श्रद्धा

किसी एक लक्ष्य को लेकर उसके प्रति समर्पित भाव से जुट जाना व्रत है। यजुर्वेद में व्रत को जीवन की आधारशिला बताते हुए कहा गया है कि व्रत से मनुष्य दीक्षित होता है, दीक्षा से दाक्षिण्य या प्रवीणता आती है, उस दक्षता के कारण ही मनुष्य में श्रद्धा उत्पन्न होती है और श्रद्धा से ही जीवन के लक्ष्य-रूप सत्य-ब्रह्म की प्राप्ति होती है।

शं सरस्वती सह धीभिरस्तु। अ० 19/11/2

विद्या और बुद्धि का समन्वय

विद्या के साथ व्यावहारिक बुद्धि का होना आवश्यक है। व्यवहार-शून्य और लौकिक ज्ञान-शून्य विद्या को विद्या नहीं कहा जा सकता है। अत: वेद का कथन है कि सरस्वती (विद्या) के साथ धी (व्यवहार-बुद्धि) आवश्यक है।

अप्नस्वती मम धीरस्तु शक्र। अ० 20/89/3

ज्ञान और कर्म का समन्वय

शिक्षा वही सफल होती है, जिसमें कर्मठता की दीक्षा दी जाती है। प्रगतिशील, कर्मठ एवं सतत संघर्षशील बनाना शिक्षा का लक्ष्य है। अतएव अथर्ववेद में कहा गया है कि मेरी बुद्धि सदा कर्मठ रहे।

इच्छन्ति देवा: सुन्वन्तम्0। अ० 20/18/3

देवता पुरुषार्थी को चाहते हैं, अकर्मण्य को नहीं।

अविद्यया मृत्युं तीर्त्वा, विद्ययाऽमृतमश्नुते। यजु० 40/14। ईश०उप० 11

यजुर्वेद में स्पष्ट रूप से कहा गया है कि ज्ञान और कर्म दोनों का समन्वय ही अभीष्ट है। कर्ममार्ग (अविद्या) से जीवननिर्वाह होता है और ज्ञानमार्ग (विद्या) से मोक्ष (अमृत) प्राप्त होता है।

विनाशेन मृत्युं तीर्त्वा, संभूत्याऽमृतमश्नुते। यजु० 40/11। ईश०उप० 11

अध्यात्म और भौतिकवाद का समन्वय

वेद अध्यात्म और भौतिकवाद के समन्वय की शिक्षा देता है। यजुर्वेद और ईश उपनिषद् का कथन है कि केवल भौतिकवाद या प्रकृतिवाद अनर्थ का कारण है और केवल अध्यात्म उससे भी अधिक अनर्थकारी है, अत: जीवन के समन्वित विकास के लिए दोनों का समन्वय अभीष्ट है। भौतिकवाद जीवन की ज्वलन्त समस्याओं को हल करता है और अध्यात्मक अमरत्व एवं आत्मिक शान्ति प्रदान करता है।

द्वे विद्ये वेदितव्ये .. परा यया तदक्षरम् अधिगम्यते।

मुंडक उप० 1.1.4-5

मुण्डक उपनिषद् ने इसी बात को परा और अपरा विद्या कहकर स्पष्ट किया है। अपरा विद्या भौतिक जीवन को सफल बनाती है और परा विद्या (अध्यात्म) जीवन के लक्ष्य अमरत्व या ब्रह्म की प्राप्ति कराती है।

भद्रमिच्छन्त ऋषयः .. तपो दीक्षाम् उपनिषेदुरग्रे। अ० 19.41.1

तप और दीक्षा (अनुशासन और समर्पण)

अथर्ववेद ने तप (अनुशासन Discipline) और दीक्षा (समर्पण, Dedication) को राष्ट्रीय उन्नति का आधार बताया है और कहा है कि इससे ही राष्ट्र, समाज और व्यक्ति की उन्नति होती है।

केतुं कृण्वन् अकेतवे, पेशो मर्या अपेशसे। ऋग्० 1/6/3

ज्ञान-ज्योति प्रज्वलित करना

ऋग्वेद में शिक्षा का उद्देश्य बताया गया है-अज्ञानी को ज्ञान-ज्योति देना, उसके अज्ञानान्धकार को दूर करना, निष्क्रिय और निश्चेष्ट को सक्रिय और सचेष्ट बनाना तथा प्रबुद्ध बनाना।

आहं वृणे सुमतिं विश्वजन्याम्। यजु० 17/74

लोकहितकारी सद्बुद्धि देना

शिक्षा के सामाजिक उद्देश्य की ओर संकेत करते हुए यजुर्वेद में कहा गया है कि शिक्षा के द्वारा ऐसी सुमति (सद्बुद्धि) प्राप्त हो, जो विश्वजनीन हो अर्थात् जिससे संसार का कल्याण कर सकें।

मनुर्भव, जनया दैव्यं जनम्। ऋग्० 10/53/6

चिन्तन-शक्ति को बढ़ाना

शिक्षा का उद्देश्य है—मनुष्य में विचार-शक्ति, मननशक्ति, चिन्तन-शक्ति और कर्तव्याकर्तव्य के निर्धारण करने वाली विवेक शक्ति को जागृत करना और बढ़ाना। ऋग्वेद का इसके साथ ही आदेश है कि स्वयं में दिव्य गुणों का विकास करके दूसरों में भी दैवी गुणों का विकास करो।

क्षिपद् अशस्तिम् उप दुर्मतिं हन्, अथा करद् यजमानाय शंयोः।

ऋग्० 10/182/3

अज्ञान और अशिक्षा का उन्मूलन

ऋग्वेद ने शिक्षा के उद्देश्य के रूप में कहा है कि इसके द्वारा अज्ञान और अविद्या को दूर किया जाय, अन्धविश्वास अपराधी प्रवृत्तियों आदि को दूर किया जाय तथा जीवन को सुखमय बनाया जाय।

शिक्षा या विद्या की अधिष्ठात्री देवी सरस्वती है। उसके विषय में कहा गया है कि उसकी उपस्थिति सुख और शान्ति देती है। जीवन में माधुर्य लाती है।

यस्ते स्तनः शशयुः, मयोभूः, सम्नयुः, सुदत्रः। अ० 7/10/1

सरस्वती की एक माता के रूप में प्रशंसा करते हुए कहा गया है कि वह सारे सुख देती है, कल्याण करती है और सारे मनोरथ पूर्ण करती है।

प्राणाय भूरिधायसे, उरुव्यचे०। अ० 6/41/2

विद्या मानव को जीवन शक्ति, प्राणशक्ति, यश और प्रतिष्ठा देती है।

सरस्वती दाशुषे वार्यं दात्। अ० 18/1/41

सरस्वती अपने भक्तों की सभी कामनाएँ पूर्ण करती है।

रायस्पोषं यजमानाय धेहि। अ० 18/1/43

विद्या योगक्षेम (रायस्पोष) प्रदान करती है।

रयिमक्षीयमाणम्। अ० 7/20/3

यह मानव को अक्षय वैभव और श्री प्रदान करती है।

ब्रह्मचर्येण तपसा देवा मृत्युमुपाघ्नत। अ० 11/5/19

वैदिक शिक्षा में संयम (ब्रह्मचर्य) को बहुत महत्त्व दिया गया है। इस संयम के द्वारा ही मनुष्य मृत्यु पर विजय प्राप्त करता है और सदा हृष्ट-पुष्ट रहता है।

ब्रह्मणा पूताः। अ० 11/1/18

ज्ञान का महत्त्व

वेदों में बुद्धि और ज्ञान के अर्थ में मति, सुमति, प्रमति, अनुमति और ब्रह्मन् आदि शब्दों का प्रयोग मिलता है। ब्रह्म (ज्ञान) से जीवन में पवित्रता, शुचिता और सद्भावना आती है।

अदब्धेन ब्रह्मणा वावृधानः। अ० 17/1/12

ब्रह्म (ज्ञान) अधर्षणीय है। इससे सदा प्रगति और वृद्धि होती है।

ब्रह्मणा वर्मणा०। अ० 17/1/28। **ब्रह्म वर्म ममान्तरम्।** ऋग्० 6/75/19

ब्रह्म (ज्ञान) कवच के तुल्य है। यह मनुष्य को सभी विपत्तियों से बचाता है।

नो च विद्विषते मिथः .. संज्ञानं पुरुषेभ्यः। अ० 3/30/4

संज्ञान (सामंजस्य, सद्भावना) को परिवार की सुख-समृद्धि का साधन बताते हुए कहा गया है कि इससे परिवार में शान्ति रहती है, पारस्परिक द्वेष नहीं होता और घर में देवों का निवास रहता है।

अनुमतिः ... सुवीरतायै, प्रमतिः .. देवगोपा। अ० 7/20/5

अनुमति (सद्विचार, सद्भावना) का महत्त्व बताते हुए कहा गया है कि यह प्रमति (सद्बुद्धि) देती है, शौर्य और पराक्रम देती है तथा दिव्य गुणों की रक्षा करती है।

प्र सुमतिम् ... ऊतये। अ० 4/25/6

सुमति जीवन की रक्षक है। यह बड़ी से बड़ी विपत्तियों में और संकट के अवसरों पर मनुष्य को सूझ-बूझ प्रदान करके उसके जीवन की रक्षा करती है।

यजु0 32/13 से 15। अ० 6/108/1 से 5

मेधा का महत्त्व

धारणावती बुद्धि को मेधा कहते हैं। धी और मेधा में अन्तर किया गया है। जानने और समझने (Understanding) की शक्ति 'धी' है, परन्तु कम्प्यूटर की तरह स्मृति (Memory) में रखने की शक्ति को 'मेधा' कहते हैं। इसमें स्मरण रखने की शक्ति (Power of retention) प्राप्त हो जाती है, अतः ऐसा विद्वान् 'मेधावी' कहा जाता है। यजुर्वेद और अथर्ववेद में मेधा का बहुत गुणगान है।

मेधां सूर्यस्य रश्मिभिः0। अ० 6/108/5

सूर्य की किरणों में मेधा शक्ति को प्रबुद्ध करने की शक्ति है।

मेधाम् ऋतस्य जग्रभ। अहं सूर्य इवाजनिं। अ० 20/115/1

प्रातः और सायं सूर्याभिमुख होकर संध्या उपासना का विधान है। ब्राह्मण, ऋषि, ब्रह्मचारी, देव और असुर मेधा का महत्त्व जानते हैं, अतएव वे प्रातः और सायं सूर्य की उपासना करते हैं। अथर्ववेद के एक अन्य मंत्र में 'ऋतंभरा प्रज्ञा' को मेधा का ही उत्कृष्ट रूप बताया गया है और कहा गया है कि 'ऋतंभरा प्रज्ञा' से योगी और साधक सूर्य के तुल्य तेजस्वी हो जाता है। उसकी सारे विषयों में अप्रतिहत गति हो जाती है।

अथर्ववेद 11/5/1 से 26

वेदों में शिक्षक के गुण और कर्तव्यों से संबद्ध सामग्री पर्याप्त मात्रा में मिलती है। अथर्ववेद में एक पूरा सूक्त आचार्य और शिष्य (ब्रह्मचारी) के क्रियाकलाप से संबद्ध है।

वेधा अदृप्तो अग्निर्विजानन्, ऊधर्न गोनां स्वाद्मा पितूनाम्। पिता पुत्रः सन्।

ऋग्० 1/69/1 और 2

ऋग्वेद के एक मंत्र में अग्नि के रूप में शिक्षक के गुणों का वर्णन है। 1. **वेधस् (वेधाः):** शिष्यों के चरित्र का निर्माता। 2. **अदृप्तः** दर्प या अभिमान से रहित हो। 3. **अग्निः** अग्नि के तुल्य तेजस्वी हो। 4. **विजानन्:** विविध विषयों का ज्ञाता हो। 5. **ऊधर्न गोनाम्:** गाय के थन के तुल्य ज्ञानरूपी दूध देने वाला हो। 6. **स्वाद्मा पितूनाम्:** विषय को स्वादिष्ट (मधुर) बना देने वाला हो। 7. **पिता पुत्रः सन्:** अपने आचार्यों का पुत्रवत् शिष्य होने पर भी उच्च योग्यता के द्वारा अपने आचार्यों से भी अधिक योग्य होकर उनके द्वारा भी आदरणीय हो। पुत्र होने पर भी पिता के तुल्य आदरणीय होवे।

आचार्यो ब्रह्मचारी। अ० 11/5/16

संयमी हो

आचार्य के लिए प्रथम आवश्यकता है कि वह संयमी हो और ब्रह्मचर्य के नियमों का पालक हो।

वाचस्पते, वसोष्पते। अ० 1/1/2

वाचस्पति और वसोष्पते–अथर्ववेद में आचार्य को वाचस्पति और वसोष्पति कहा गया है।

ऋषयो भूतकृतः। अ० 6/108/4। 6/133/5

भूतकृत्: आचार्य (ऋषि) को भूतकृत् कहा गया है।

आचार्यो मृत्युर्वरुणः सोम सोषधयः पयः। अ० 11/5/14

आचार्य यम, वरुण और सोम–अथर्ववेद में आचार्य को मृत्यु, वरुण, सोम, ओषधि और पयस् (दूध, जल) कहा गया है।

गुहा निधी निहितौ ब्राह्मणस्य। अ० 11/5/10

आचार्य ज्ञाननिधि

आचार्य की बुद्धि में द्यावा-पृथ्वी के ज्ञान का अनन्त भंडार भरा होता है, अतः वह ज्ञाननिधि है।

(क) तृतीयेन ज्योतिषा सं विशस्व। ऋग्० 10/56/1

(ख) गूढं ज्योतिः पितरो अन्वविन्दन्। ऋग्० 7/76/4

आचार्य का तृतीय नेत्र

आचार्य का तीसरा ज्ञान-नेत्र प्रबुद्ध होता है। अतः उसकी अन्तर्ज्योति जागृत रहती है।

ऋषिर्विप्रो विचक्षणः। ऋग्० 1/107/7

आचार्य ज्ञानी, तत्त्वदर्शी–आचार्य को ऋषि (तत्त्वदर्शी), विप्र (ज्ञानी) और विचक्षण (विवेकशील) कहा गया है।

पावकवर्णाः शुचयो विपश्चितः। ऋग्० 8/3/3

तेजस्वी एवं शुचि

आचार्य के गुण बताए गए हैं कि वह अग्नि के तुल्य तेजस्वी हो, शुद्ध चरित्र वाला हो और ज्ञानवान् हो।

स चिद् विवेद ... अपीच्यं गुह्यं नाम गोनाम्। ऋग्० 9/87/3

वाक्तत्त्ववित्–आचार्य वाक्तत्त्व के रहस्यों को जानता है।

अक्षान् अहो नह्यतनोत सोम्याः। ऋग्० 10/53/7

सदाचारी हो

आचार्य के लिए आदेश है कि वह अपनी इन्द्रियों पर संयम रखे।

मनुर्भव, जनया दैव्यं जनम्। ऋग्० 10/53/6

मनुर्भव

आचार्य के लिए आदेश है कि वह मननशील और विचारक हो। उसका यह भी कर्तव्य है कि वह स्वयं दिव्य गुणों वाला होकर दूसरों को उच्च चरित्र वाला बनावे।

मन्त्रश्रुत्यं चरामसि। ऋग्० 10/134/7

वेदानुसारी जीवन हो

आचार्य का जीवन वैदिक शिक्षाओं के अनुकूल होना चाहिए।

आ जागृविर्विप्रः। ऋग्० 9/97/37

सतत जागरूक हो

आचार्य का कर्तव्य है कि वह सतत जागरूक हो।

मरीचीनां पदमिच्छन्ति वेधसः। ऋग्० 10/177/1

वैज्ञानिक चिन्तन

ऋग्वेद का कथन है कि विद्वान् सूर्य की किरणों का ज्ञान प्राप्त करने के इच्छुक रहते हैं।

कविम् अद्वयन्तम्, प्रचेतसम् अमृतं सुप्रतीकम्। ऋग्० 3/29/5

दूरदर्शी और प्रसन्नचित्त

ऋग्वेद के एक मंत्र में शिक्षक के गुण बताए हैं कि वह क्रान्तदर्शी हो, उसका दृष्टिकोण व्यापक हो, वह संशययुक्त विचारों वाला न हो, प्रबुद्ध विचारों वाला हो, दिव्य चरित्र वाला हो और सदा प्रसन्नचित्त रहे।

आचार्यः कस्मात्? आचार्य आचारं ग्राहयति।
आचिनोति-अर्थान्। आचिनोति बुद्धिम् इति वा। निरुक्त 1/4

आचार्य यास्क के निरुक्त में आचार्य के ये गुण बताये हैं–वह आचार (सदाचार) की शिक्षा देता है। वह शिष्यों के लिये जीवनोपयोगी विषयों का संकलन करता है। वह छात्रों की बुद्धि को विकसित करता है।

यस्माद् धर्मान् आचिनोति स आचार्यः। आप०धर्म० 14

आपस्तम्ब धर्मसूत्र में भी आचार्य का गुण बताया है कि वह शिष्यों के लिए उपयोगी धर्मों अर्थात् कर्तव्यों आदि का संकलन करता है।

वृद्धा ह्यलोलुपश्चैव, आत्मवन्तो ह्ययदम्भकाः।
सम्यग् विनीता ऋजवः, तान् आचार्यान् प्रचक्षते।
स्वयमाचरते यस्माद्, आचारं स्थापयत्यपि।
आचिनोति च शास्त्रार्थान्, यमैः सनियमैर्युतः। वायुपुराण 59/29-30

वायु पुराण में आचार्य के गुणों का विस्तृत विवरण दिया है। जो वृद्ध अर्थात् ज्ञानवृद्ध हैं, अलोभी, आत्मिक शक्तियुक्त, दंभरहित, विनीत और सुशील होते हैं, उन्हें आचार्य कहते हैं। जो स्वयं सदाचार के नियमों का पालन करते हैं और दूसरों से पालन करवाते हैं, जो यमों और नियमों का पालन करते हैं तथा शास्त्रीय विषयों का संकलन करते हैं, उन्हें आचार्य कहा जाता है।

आचार्य के कर्तव्य

वर्धयैनं ज्योतियैनं .. संशितं चित् संतरं सं शिशाधि। अ० 7/16/1

शिष्यों की ज्ञानवृद्धि

आचार्य का प्रथम कर्तव्य है, शिष्य में विद्या के प्रति उनकी रुचि बढ़ावे, उनकी बुद्धि को प्रबुद्ध करे, उन्हें ज्ञान-ज्योति दे। उनकी बुद्धि को प्रखर बनाते हुए उसे अत्यन्त तीक्ष्ण बनावे, जिससे वे कठिन से कठिन विषयों को भी आत्मसात् कर सकें।

केतुं कृणवन् अकेतवे, पेशो मर्या अपेशसे। ऋग्० 1/6/3

अज्ञ को प्रज्ञ बनावे

शिक्षक का कर्तव्य है कि वह अनपढ़, अशिक्षित और अज्ञानी को ज्ञान दे और उनमें ज्ञान की ज्योति प्रज्वलित करे। उनकी अकर्मण्यता और निर्जीवता का समाप्त करके उनमें शक्ति का संचार करे।

शिक्षमाणस्य देव क्रतुं दक्षं वरुण सं शिशाधि। ऋग्० 8/42/3

कर्मठता और दक्षता दे

शिक्षक का कर्तव्य है कि वह शिष्यों में कर्मठता, कार्यों के प्रति रुचि उत्पन्न करे और उनमें उच्च शिक्षा के द्वारा दक्षता तथा प्रवीणता उत्पन्न करे।

ब्रह्म जिन्वतम् उत जिन्वतं धियः। ऋग्० 8/35/16

विद्या-बुद्धि प्रदीप्त करे

शिक्षक का कर्तव्य है कि वह शिष्य के ज्ञान (ब्रह्म) को विकसित करे और उनकी बुद्धि को प्रखर बनावे।

आचार्यः, आचारं ग्राहयति। निरुक्त 1/4

संयम और सदाचार की शिक्षा दे

आचार्य का कर्तव्य है कि वह शिष्यों को संयम और सदाचार की शिक्षा दे। केवल शिक्षा देना ही पर्याप्त नहीं है, अपितु संयम और सदाचार के नियमों का कठोरता से पालन कराना भी उसका कर्तव्य है।

ज्योतिष्मतः पथो रक्ष धिया कृतान्। ऋग्० 10/53/6

प्राचीन परंपराओं की रक्षा करना

आचार्य का कर्तव्य है कि वह शिक्षा-संबन्धी प्राचीन उच्च परंपराओं को जीवित रखे।

आचार्यस्ततक्ष .. उर्वी गम्भीरे पृथ्वीं दिवं च। अ०11/5/8

विज्ञान-चर्चा

आचार्य आकाश और पृथ्वी के वैज्ञानिक रहस्यों का ज्ञान स्वयं प्राप्त करे और शिष्यों को उन रहस्यों को बतावे।

विद्वान् पदस्य गुह्या न वोचत्। ऋग्० 7/87/4

शास्त्रों का रहस्य बताना

शिक्षक का कर्तव्य है कि वह शिष्यों को वेद, शास्त्र एव भाषाविज्ञान के रहस्यों को उन्हें बतावे।

शिक्षानरः प्रदिवो अकामकर्शनः। अ० 20/21/2

छात्रों की जिज्ञासा शान्त करना

अथर्ववेद में एक विशेष बात कही गई है कि शिक्षक छात्रों की जिज्ञासाओं का समुचित समाधान करे। उनकी जिज्ञासाओं को डरा-धमकाकर दबावे नहीं, अपितु उनका ठीक उत्तर दे।

शिष्य के गुण

आचार्य उपनयमानो .. रात्रीस्तिस्र उदरे बिभर्ति०। अ० 11/5/3

प्रवेश परीक्षा

अथर्ववेद में उल्लेख है कि आचार्य प्रवेश से पूर्व विद्यार्थी को तीन दिन परीक्षण में रखता था। जो विद्यार्थी उस कठोर परीक्षण में उत्तीर्ण होते थे, उन्हें ही प्रवेश दिया जाता था और उनका उपनयन संस्कार किया जाता था।

तान् उशतो वि बोधय। ऋग्० 1/12/4

छात्र जिज्ञासु हो

ऋग्वेद का कथन है कि जो जिज्ञासु हैं और वेदादि का ज्ञान प्राप्त करना चाहते हैं, उन्हें ही शिक्षा दें।

अप्नस्वती मम धीरस्तु। ऋग्० 10/42/3

छात्र कर्मठ हो

छात्र के लिए आवश्यक है कि वह कर्मठ हो। जिसकी बुद्धि सक्रिय है, वही ज्ञान का अधिकारी है।

शिक्षेयमस्मै दित्सेयम् .. मनीषिणे। ऋग्० 8/14/2

छात्र प्रबुद्ध हो

ऋग्वेद का कथन है कि जो छात्र प्रबुद्ध और तीव्र बुद्धि वाला (मनीषी) होता है, उसी को गुरु उच्च शिक्षा प्रदान करना चाहता है।

शिक्षेयम् इन्महयते दिवेदिवे। ऋग्० 7/32/19

छात्र आज्ञाकारी हो

ऋग्वेद का कथन है कि आज्ञाकारी शिष्य को ही शिक्षा दे।

विद्या ह वै ब्राह्मणमा जगाम, गोपाय मा शेवधिष्टेऽहमस्मि।
असूयकायाऽनृजवेऽयताय, न मा ब्रूया वीर्यवती तथा स्याम्।।
यमेव विद्याः शुचिमप्रमत्तं, मेधाविनं ब्रह्मचर्योपपन्नम्।
यस्ते न द्रुह्येत् कतमच्चनाह, तस्मै मा ब्रूया निधिपाय ब्रह्मन्।।

निरुक्त 2/4

आचार्य यास्क का कथन है कि विद्या एक बहुमूल्य निधि है। इसकी सुरक्षा विद्वानों को करनी चाहिए। जो गुरुद्रोही, कुटिल-प्रकृति, ईर्ष्यालु, परछिद्रान्वेषी और असंयमी हैं, उनको उच्च शिक्षा न दी जाय। जो प्रतिभाशाली, सच्चरित्र, अद्रोही, अप्रमादी, संयमी और विनीत हैं, उनको ही विद्यारूपी निधि दी जानी चाहिए, जिससे यह सुरक्षित रहे और सफल हो।

तैत्ति0 उप0 1/11/2

तैत्तिरीय उपनिषद् का कथन है कि-**मातृदेवो भव, पितृदेवो भव, आचार्य देवो भव। जो माता-पिता और आचार्य का भक्त है तथा आज्ञाकारी है, वही योग्य शिष्य है और वही उच्च शिक्षा का अधिकारी है।**

सं श्रुतेन गमेमहि, मा श्रुतेन विराधिषि। अ० 1/1/4

वेदानुकूल जीवन हो-अथर्ववेद का निर्देश है कि छात्र वेदों के आदेशों के अनुसार अपना जीवन व्यतीत करे। ऐसा कोई कार्य न करे, जो वेदों द्वारा निषिद्ध हो।

विश्वान् देवान् उषर्बुधः। ऋग्० 1/14/9

ब्रह्ममुहूर्त में उठे-ब्रह्ममुहूर्त में उठने वाले को 'उषर्बुध' कहते हैं। छात्र बह्ममुहूर्त में (प्रातः 4 बजे) उठे। जो प्रातः शीघ्र उठते हैं, उनसे सारे देव प्रसन्न रहते हैं, अर्थात् उन पर सारे देवों की कृपा रहती है।

मा नो निद्रा ईशत मोत जल्पिः। ऋग्० 8/48/14

आलसी, प्रमादी, वाचाल न हो-ऋग्वेद ने आलस्य, प्रमाद और वाचालता (बहुत बोलना) को दुर्गण बताया है। अतः छात्र के लिए निर्देश है कि वह आलस्य, प्रमाद, नींद और अनावश्यक बोलना छोड़े।

तान् उशतो वि बोधय। ऋग्० 1/12/4

छात्र जिज्ञासु हो-जिज्ञासु छात्रों को ही विद्या का लाभ प्राप्त होता है। शिक्षक जिज्ञासु छात्रों को ही सूक्ष्म ज्ञान देते हैं।

शिशीहि मा शिशयं त्वा शृणोमि। ऋग्० 10/42/3

छात्र दत्तचित्त हो-छात्र दत्तचित्त होकर अध्ययन करे। छात्र की एकाग्रता के आधार पर ही गुरु उनकी बुद्धि को तीक्ष्ण कर पाता है।

मय्येवास्तु मयि श्रुतम्। अ० 1/1/2

स्मरण शक्ति तीक्ष्ण करे–छात्र अपनी स्मरण शक्ति को प्रबुद्ध करे। तभी वह पढ़े हुए को स्मरण रख सकेगा। अतएव मंत्र का कथन है कि मेरी विद्या मेरे पास ही रहे।

मा शिश्नदेवा अपि गुर्ऋतं नः। ऋग्० 7/21/5

संयमी हो–शिष्य के लिए निर्देश है कि वह संयमी हो, ब्रह्मचर्य का पालन करे। शिष्य और शिष्या दोनों के लिए आवश्यक है कि वे ब्रह्मचर्य के नियमों का पालन करें। ऋग्वेद का कथन है कि काम भावना (शिश्नदेव) हमारी पवित्रता को नष्ट न करे।

ब्रह्मचर्येण कन्या युवानं विन्दते पतिम्। अ०11/5/18

कन्या भी ब्रह्मचर्य का जीवन व्यतीत करते हुए योग्य पति को प्राप्त होती है।

ब्रह्मचर्येण तपसा देवा मृत्युमुपाघ्नत। अ० 11/5/19

ब्रह्मचर्य की महत्त्व बताया गया है कि ब्रह्मचर्य के बल पर ही देवों ने मृत्यु पर विजय प्राप्त की थी।

व्रतं च श्रद्धां चोपैमि0। यजु० 20/24

व्रत और श्रद्धा की दीक्षा–उपनयन के बाद शिष्य का कर्तव्य है–नियमित यज्ञ करना। वह सत्यभाषण का व्रत लेता है और शास्त्रों एवं गुरुओं के प्रति श्रद्धा की भावना जागृत करता है।

वर्चस्वान्, ओजिष्ठः, भ्राजिष्ठः, अहं मनुष्येषु भूयासम्।यजु० 8/38-40

तेजस्वी, वर्चस्वी हो–यजुर्वेद में कहा गया है कि शिष्य यज्ञ करते समय अग्नि, इन्द्र और सूर्य को लक्ष्य में रखकर कहता है कि हे अग्नि आदि देवो तुम सबसे अधिक तेजस्वी और वर्चस्वी हो, मैं भी तुम्हारे तुल्य मनुष्यों में सबसे अधिक तेजस्वी, वर्चस्वी और ओजस्वी होऊँ।

शाक्तस्येव वदति शिक्षमाणः। ऋग्० 7/103/5

पाठ को दुहराना–ऋग्वेद का कथन है कि गुरु जो कुछ पढ़ाता है, शिष्य उसको बार-बार दुहराकर याद करते हैं।

शुम्भन्ति विप्रं धीतिभिः। ऋग्० 9/40/1

गुरु को प्रसन्न रखना–ऋग्वेद का कथन है कि शिष्य गुरु को अपनी श्रद्धा भक्ति से प्रसन्न रखते हैं।

ब्रह्मचारी समिधा मेखलया श्रमेण लोकान् तपसा पिपर्ति। अ० 11/5/4

शिष्य के चार गुण–अथर्ववेद में शिष्य के चार गुणों का उल्लेख है। उनके द्वारा वह सबको सन्तुष्ट करता है। ये गुण हैं–1. **समिधाः** नियमित यज्ञ के द्वारा तेजस्वी होना। 2. **मेखलाः** कटिसूत्र धारण करना। मेखला दृढ़-निश्चय और अध्यवसाय का प्रतीक है। 3. **श्रमः** कठिन परिश्रम करना। 4. **तपस्ः** तपस्वी या तपोमय जीवन व्यतीत करना।

सूरिरसि वर्चोधा ... अति समं क्राम। अ० 2/11/4

उच्चतम ज्ञान प्राप्त करें–अथर्ववेद का कथन है कि वह ज्ञान प्राप्त करके योग्यता के शिखर पर पहुँचे। वह सबसे अधिक योग्य बने, सबसे अधिक तेजस्वी बने।

वाचस्पतिः ... ब्रिस्येशान ओजसा। अ० 20/137/5

वाचस्पति हो–स्नातक उच्चतम शिक्षा प्राप्त करके अपनी तेजस्विता स्थापित करे और विश्व का मार्गदर्शक बने।

विप्रा ऋतस्य वाहसा। अ० 20/138/2

सत्य का प्रचारक हो–शिक्षितों का उत्तरदायित्व है कि वे सत्य का प्रचार करें। जनता को आचार की शिक्षा दें और आस्तिकता की स्थापना करें।

इन्द्रो ह भूत्वा-असुरान् ततर्ह। अ० 11/5/7

असुर-नाशन, भ्रष्टाचार-निवारण–अथर्ववेद में कहा गया है कि स्नातक शक्ति संपन्न होकर असुरों और आसुरी वृत्तियों को नष्ट करे।

स सद्य एति पूर्वस्माद् उत्तरं समुद्रम्, जनयन् ब्रह्म0। अ० 11/5/6-7

सर्वत्र शिक्षा-प्रसार–स्नातक पूर्व समुद्र से लेकर पश्चिम समुद्र तक ज्ञान की ज्योति फैलावे और शिक्षा का प्रसार करे।

लोकान् संगृभ्य, जनयन् लोकान्0। अ० 11/5/6-7

जनता में जागृति उत्पन्न करना–अथर्ववेद में 'लोकान् संगृभ्य' और 'लोकं जनयन्' शब्दों के द्वारा स्नातक के लिए आदेश है कि वह लोगों को संगठित करे और जनता में जागृति उत्पन्न करे। जनता में नवजीवन का संचार करना उसका कर्तव्य है।

ज्योतिष्मतः पथो रक्ष धिया कृतान्। ऋग्० 10/53/6

उच्च प्राचीन परम्पराओं को जीवित रखना–ऋग्वेद का कथन है कि विद्वानों का कर्तव्य है कि वे प्राचीन शिक्षा, संस्कृति आदि की उच्च परम्पराओं की रक्षा करें और इन्हें जीवित रखें।

इयक्षन्ति प्रचेतसः। ऋग्० 9/64/21

धार्मिक कृत्यों का प्रचार–ऋग्वेद का कथन है कि प्रबुद्ध व्यक्ति यज्ञ आदि धार्मिक कृत्यों में विशेष रुचि रखते हैं और उनका प्रचार करते हैं।

ब्रह्म देवानां जनिमा विवक्ति। अ० 4/1/3

देवों के जन्म आदि का विवेचन–देवों और दिव्य शक्तियों की उत्पत्ति आदि का विवेचन करना विद्वानों का कार्य है।

जनयन् .. ब्रह्म मेधाम्। अ० 11/5/24

जनता को ज्ञानी और मेधावी बनाना–अथर्ववेद का कथन है कि विद्वान् जनता को आस्तिक और मेधावी बनावे।

शिक्षक और शिष्य का संबन्ध

गुरुर्गरीयान् पितृतो मातृश्च। सुभाषित

आचार्य और शिष्य का संबन्ध पिता-पुत्र-संबन्ध के तुल्य है। जीवन में जो माता-पिता का स्थान है, उससे बढ़कर गुरु का स्थान है। गुरु माता-पिता से भी अधिक पूज्य हैं। अतएव कहा गया है कि–गुरु पिता-माता से बढ़कर हैं।

स विद्यातस्तं जनयति। तत् श्रेष्ठं जन्म। शरीरमेव मातापितरौ जनयतः।
आप० धर्म० 1/1/15-17

आचार्य उपनयन संस्कार से पूर्व शिष्य को तीन दिन परीक्षण के लिये अपने पास रखता है। परीक्षण में उत्तीर्ण होने पर ही बालक का उपनयन संस्कार होता था। यह शिक्षा-संबन्धी नवीन जन्म माना जाता था। यज्ञोपवीत के बाद ही शिष्य वेदाध्ययन का अधिकारी होता था। शिक्षा-संबन्धी इस जन्म के बाद ही शिष्य को 'द्विज' कहते थे। अतएव आपस्तम्ब धर्मसूत्र में कहा गया कि माता-पिता केवल शरीर को ही जन्म देते हैं। आचार्य विद्या के द्वारा उनको शैक्षिक जनम देता है। यह जन्म शारीरिक जन्म से श्रेष्ठ है।

यमेव विद्याः शुचिमप्रमत्तं, मेधाविनं ब्रह्मचर्योपपन्नम्।
यस्ते ने द्रुह्येत् कतमच्चनाह, तस्मै मा ब्रूया निधिपाय ब्रह्मन्।। निरुक्त 2/4

आचार्य के लिए निर्देश था कि वह जिसे सुशील, अप्रमादी, संयमी, प्रतिभाशाली और अद्रोही समझे, उसे ही उच्च शिक्षा दे। जिसे असंयमी, कुटिल और परछिद्रान्वेषी समझे, उसे उच्च शिक्षा न दे।

आयुरस्मासु धेहि–अमृतत्वमाचार्याय। अ० 19/64/4

साधु-प्रकृति वाले शिष्य आजीवन गुरु के भक्त रहते थे और आचार्य की कुशलता की कामना करते थे। अथर्ववेद में ऐसे शिष्यों के लिए ही कहा गया है कि वे यज्ञ के पश्चात् अग्निदेव से प्रार्थना करते थे कि वह उन्हें दीर्घायु करे और आचार्य को अमर बनावें।

अध्यापिता ये गुरुं नाद्रियन्ते, शिष्या वाचा मनसा कर्मणा वा।
यथैव ते न गुरोर्भोजनीयाः तथैव तान् न भुनक्ति श्रुतं तत्। निरुक्त 2/4

कुछ शिष्य दुष्ट प्रकृति के भी होते थे, जो गुरु का आदर नहीं करते थे। निरुक्तकार ने ऐसे शिष्यों की निन्दा की है और कहा है कि उन्हें गुरु का आशीर्वाद और संरक्षण प्राप्त नहीं होता है, ऐसे शिष्यों की विद्या भी सफल नहीं होती है।

षडेते ह्यवमन्यन्ते, नित्यं पूर्वोपकारिणम्।
आचार्य शिक्षिताः शिष्याः, कृतदाश्च मातरम्।। महाभारत

महाभारत में भी छः कृतघ्नों में ऐसे शिष्यों का उल्लेख है जो शिक्षा प्राप्त करके आचार्य का अपमान करते हैं।

अग्ने व्रतपते व्रतं चरिष्यामि,
तच्छकेयं तन्मे राध्यताम्। इदमहमनृतात् सत्यम् उपैमि। यजु० 1/5

शिक्षा का प्रारम्भ–आचार्य के द्वारा तीन दिन के परीक्षण के पश्चात् उत्तीर्ण होने पर ब्रह्मचारी का प्रवेश होता था। उत्तीर्ण छात्रों का उपनयन (जनेऊ) संस्कार होता था। इसके साथ ही शिक्षा प्रारम्भ होती थी। शिक्षा का प्रारम्भ व्रत की दीक्षा से होता था। अग्नि को साक्षी रखकर व्रत लिया जाता था कि असत्य को छोड़कर सत्य को ही ग्रहण करूंगा। असत्य भाषण, असत्य व्यवहार और असद्-विचार आदि का परित्याग करके सत्य मार्ग को अपनाता हूँ। साथ ही परमात्मा से प्रार्थना की जाती थी कि मैं अपने इस व्रत को पूर्ण करने में सफल होऊँ।

व्रतेन दीक्षामाप्नोति दीक्षयाऽऽप्नोति दक्षिणाम्। दक्षिणा श्रद्धामाप्नोति,
श्रद्धया सत्यमाप्यते। यजु० 19/30

व्रत का महत्त्व

यजुर्वेद में व्रत का बहुत महत्त्व वर्णन किया गया है। व्रत का अभिप्राय है–किसी उच्च उद्देश्य की पूर्ति के लिए प्रतिज्ञा-बद्ध होना। व्रत की उपयोगिता बताई गई है कि व्रत से मनुष्य दीक्षित (दृढ़ संकल्पयुक्त) होता है। दीक्षा से उसे दक्षिणा (दाक्षिण्य, दक्षता, योग्यता) प्राप्त होती है। दक्षिणा से श्रद्धा (आस्तिकता की बुद्धि) प्राप्त होती है और श्रद्धा से सत्य (सत्यस्वरूप ब्रह्म, परमात्मा) की प्राप्ति होती है।

भद्रमिच्छन्त ऋषयः स्वर्विदस्तपो दीक्षामुपनिषेदुरग्रे।
ततो राष्ट्रं बलमोजश्च जातं तदस्मै देवा उपसंनमन्तु।। अ० 19/41/1

तप और दीक्षा

शिक्षा में तप (अनुशासन, Discipline) और दीक्षा (समर्पण, Dedication) का बहुत महत्त्व है। अथर्ववेद में इनके महत्त्व पर प्रकाश डालते हुए कहा गया है कि वैयक्तिक और राष्ट्रीय उन्नति के लिए तप और दीक्षा को सर्वप्रथम स्थान दिया गया है। तप और दीक्षा को अपनाने से ही व्यक्ति और राष्ट्र की उन्नति हो सकती है।

वाचस्पतिर्नि यच्छतु। अ० 1/1/3

अनुशासन

अथर्ववेद के प्रारम्भ में ही शिक्षा का विषय लिया गया है। इसमें 'नि यच्छतु' (नियम में या अनुशासन में रखे) के द्वारा आचार्य के लिए निर्देश है कि वह स्वयं अनुशासन में रहे और शिष्यों को अनुशासन में रखे।

देवेन मनसा सह। अ० 1/1/2

शुद्ध हृदय

गुरु के लिए निर्देश है कि वह शुद्ध हृदय से शिष्यों को पढ़ावे।

वसोष्पते नि रमय। अ० 1/1/2

रोचक पद्धति अपनाना

अथर्ववेद में 'निरमय' के द्वारा संकेत है कि शिक्षण पद्धति ऐसी हो, जिसमें छात्र का मन स्वयं रम जाए।

किम् एतद् यक्षमिति। केन उप० 1/3/3

इसके लिए कथा या आख्यान का सहारा लिया जा सकता है। इसका उत्तम उदाहरण 'केन उपनिषद्' है। इसमें यक्ष की कहानी के द्वारा ब्रह्म के स्वरूप को समझाया गया है।

मयि-एवास्तु मयि श्रुतम्। अ० 1/1/2

विषय को सरल बनाना

अथर्ववेद का कथन है कि विषय को ऐसे सरल रूप में प्रस्तुत किया जाय कि वह मन में जम जाय और न भूले।

तृतीयं वरं नचिकेतो वृणीष्व। कठ उप० 1/1/19

मृत्यु क्या है? मृत्यु पर विजय कैसे प्राप्त की जा सकती है? आत्मा क्या है? जैसे गूढ़ विषय को समझाने के लिए 'कठ उपनिषद्' में नचिकेता की कहानी दी गई है और विषय को अत्यन्त सरल और रोचक बना दिया गया है।

यजु0 17/18/20। 23/9 से 12। 23/45 से 48। 23/53 से 62

प्रश्नोत्तर विधि

विषय को रोचक और सरल बनाने के लिए वेदों में एक अन्य विधि दी गई है। यह है प्रश्न और उत्तर की विधि। छात्र प्रश्न पूछते हैं और गुरु उनका सरल एवं संक्षिप्त उत्तर देता है। सभी वेदों में इसके अनेक उदाहरण हैं।

यजु० 23/47 और 48

यहाँ यजुर्वेद से एक उदाहरण दिया जा रहा है:
प्रश्नः किं स्वित् सूर्यसमं ज्योतिः? (सूर्य के तुल्य कौन सी ज्योति है?)
उत्तरः ब्रह्म सूर्यसमं ज्योतिः? (ब्रह्म सूर्य के तुल्य ज्योति है।)
प्रश्नः किं समुद्रसमं सरः? (समुद्र के तुल्य सरोवर कौन सा है?)
उत्तरः द्यौः समुद्रसमं सरः। (आकाश समुद्र के तुल्य विशाल सरोवर है।)
प्रश्नः किं स्वित् पृथिव्यै वर्षीयः? (पृथ्वी पर कौन वर्षा करता है?)
उत्तरः इन्द्रः पृथिव्यै वर्षीयान्। (इन्द्र अर्थात् मेघ पृथ्वी पर वर्षा करता है।)
प्रश्नः कस्य मात्रा न विद्यते? (किसके गुणों की सीमा नहीं है?)
उत्तरः गोस्तु मात्रा न विद्यते। (गाय के गुणों की सीमा नहीं है।)

प्राशं प्रतिप्राशो जहि। अ० 2/27/1

वाद-विवाद विधि

यजुर्वेद और अथर्ववेद में वाद-विवाद विधि का उल्लेख है। अथर्ववेद में वादी और प्रतिवादी या पूर्वपक्ष और उत्तरपक्ष रखने वाले के लिए क्रमशः प्राश् (पूछने वाला) और प्रतिपाश् (उत्तर देने वाला) शब्द हैं।

प्रश्निनम्, अभिप्रश्निनम्। यजु० 30/10

यजुर्वेद में इनके लिए क्रमशः प्रश्निन् (प्रश्न पूछने वाला) और अभिप्रश्निन् (प्रश्न का उत्तर देनेवाला) शब्द हैं।

मर्यादायै प्रश्नविवाकम्। यजु० 30/10

वाद-विवाद में एक निर्णायक की भी आवश्यक होती है। उसके लिए यजुर्वेद में 'प्रश्नविवाक' (निर्णायक) शब्द दिया गया है।

बृहदा0 उप0 3/6 और 3/7

इसका एक बहुत सुन्दर उदाहरण बृहदारण्यक उपनिषद् में मिलता है। इसमें विदुषी गार्गी और याज्ञवल्क्य ऋषि का वाद-विवाद वर्णित है।

एतस्मिन् नु खलु-अक्षरे गार्गि आकाश ओतश्च प्रोतश्च। बृ०उप० 3/8/11

प्रश्न पूछने वाली गार्गी है और उत्तर देने वाले याज्ञवल्क्य हैं। प्रश्न है-यह सारा संसार किसमें ओत-प्रोत है? बहुत वाद-विवाद के पश्चात् अन्त में याज्ञवल्क्य ने उत्तर दिया है कि यह सारा संसार अक्षर ब्रह्म (परमात्मा) में ओत-प्रोत है।

स्वयं वाजिन् तन्वं कल्पयस्व, स्वयं यजस्व, स्वयं जुषस्व। यजु० 23/15

करो और सीखो की विधि-यजुर्वेद में इस विधि का संकेत है। यजुर्वेद में कहा गया है कि स्वयं कार्य करो और स्वयं उसका फल भोगो।

धिय आ तनुध्वम्, नावम् ... कृणुध्वम्, इष्कृणुध्वम्, आयुधारं कृणुध्वम्,।

ऋग्० 10/101/2

परयोजना विधि (च्तवरमबज डमजीवक)

ऋग्वेद में परियोजना विधि का संकेत है। ऋग्वेद में कहा गया है कि अपनी बुद्धि का विस्तार करो। नए-नए काम प्रारम्भ करो। नाव बनाओ, वस्तुओं को यथास्थान लगाना सीखो, सुन्दर अस्त्र-शस्त्र बनाना सीखो।

यद्यन्तरिक्षे यदि वात आस यदि वृक्षेषु0। अ० 7/66/1

अनध्याय

कतिपय विशेष अवस्थाओं में वेदादि का अध्ययन निषिद्ध था। ये हैं: आकाश में घने बादल होने पर यदि वर्षा का ढंग हो, आँधी या तूफान में, घने वृक्ष-वनस्पतियों के कुंज में, अधिक घास-फूँस वाले स्थान में और पशुओं के झुंड वाले स्थान के समीप।

नाभ्रे, न छायायां, न पर्यावृत्ते आदित्ये, न हरितयवान् प्रेक्षमाणो, न ग्रामयस्य पशोरन्ते, नारण्यस्य, नापाम् अन्ते। आप० श्रौत० 15/21/8

इसी प्रकार का वर्णन आपस्तम्ब श्रौतसूत्र के स्वाध्याय-धर्मप्रकरण में मिलता है। इन परिस्थितियों में अध्ययन-अध्यापन न करे। ये हैं—अधिक बादल होने पर, अंधेरे वाले स्थान में, सूर्य-ग्रहण आदि में, हरे-भरे खेतों के बीच में, ग्रामीण पशु समूह के निकट, जंगली जानवर वाले स्थानों पर और नदी-तालाब आदि के अतिनिकट।

ब्रह्मचर्येण कन्या युवानं विन्दते पतिम्। अ० 11/5/18

सहशिक्षा (Co-education)

प्राचीनकाल में सहशिक्षा का प्रचलन नहीं था। बालक और बालिकाओं के लिए पृथक्-पृथक् गुरुकुल होते थे। गुरुकुल के प्रमुख को आचार्य कहते थे। बालिकाओं के गुरुकुल के प्रमुख को आचार्या कहते थे। अथर्ववेद में स्पष्ट उल्लेख है कि बालिकाएँ ब्रह्मचर्य का पालन करते हुए उच्च शिक्षा प्राप्त करती थीं और शिक्षा की समाप्ति के बाद वे विवाह करती थीं।

अध्यापयामास पितृन् शिशुराङ्.गिरसः कविः। पुत्रका इति होवाचः।

मनु० 2/151

अज्ञो भवति वै बालः, पिता भवति मन्त्रदः।
अज्ञं हि बालमित्याहुः, पितेत्येव तु मन्त्रदम्। मनु० 2/153

प्रौढ़ शिक्षा (Adult-education)

इस विषय की सामग्री अत्यल्प है। जिन्हें बचपन में पढ़ने की सुविधा प्राप्त नहीं होती थी, वे बड़ी आयु में भी शिक्षा प्राप्त करते थे। किसी को भी गुरु बना सकते थे। मनुस्मृति में एक बहुत मनोरंजक प्रसंग दिया गया है कि आंगिरस कवि

(अंगिरस् ऋषि के पुत्र, बृहस्पति) बहुत योग्य बालक थे। उनके माता-पिता अशिक्षित थे। आंगिरस कवि अपने माता-पिता को पढ़ाया करते थे। एक दिन उन्होंने पढ़ाते समय अपने माता-पिता को 'पुत्रका:' (हे बालको!) कह दिया। यह बात माता-पिता को बहुत बुरी लगी। उन्होंने वृद्ध जनों से इसकी शिकायत की। यह बात तूल पकड़ गई और आगे बढ़ी। इस पर शिष्ट जनों ने निर्णय दिया कि–अनपढ़ व्यक्ति बालक (बालक के सदृश) होता है और शिक्षा देने वाला या पढ़ाने वाला व्यक्ति पिता (पिता के तुल्य) होता है। इसलिए शिक्षक या गुरु को अधिकार है कि वह शिष्य को 'बालक' कह सके।

स स्नातो बभ्रुः .. पृथिव्यां बहु रोचते। अ० 11/5/26

समावर्तन (दीक्षान्त) संस्कार–शिक्षा की समाप्ति पर समावर्तन संस्कार होता था। इसको ही 'दीक्षान्त' या शिक्षा का समापन कहते हैं। इस विधि के पश्चात् वह विद्यार्थी 'स्नातक' हो जाता था। अथर्ववेद में दीक्षान्त विधि और स्नातक के स्नान का उल्लेख है।

तैत्तिरीय उपनिषद्। 1/11/1 से 4

तैत्तिरीय उपनिषद् में यह उपदेश बड़े विस्तार से दिया गया है।

सत्यं वद। धर्मं चर। स्वाध्यायात्–मा प्रमदः।
मातृदेवो भव। पितृदेवो भव। आचार्यदेवो भव।
यानि–अनवद्यानि कर्माणि तानि सेवितव्यानि। नो इतराणि। तै० उप० 1/11/1-2

उसका सारांश यह है:

1. सदा सत्य बोलना और धर्म करना। स्वाध्याय में कभी प्रमाद मत करना।
2. देवयज्ञ और पितृयज्ञ (माता-पिता की सेवा) अवश्य करना।
3. माता-पिता और आचार्य को देव-तुल्य मानना।
4. गुरु के अच्छे आचरणों का ही अनुसरण करना, अन्य का नहीं।
5. दान अवश्य देना।
6. अतिथि-सत्कार अवश्य करना।
7. कर्तव्य के विषय में कोई सन्देह हो तो विद्वानों की राय लेना।

यो वा ते शिक्षात्, तस्मै रयिं दयस्व।
आचार्यय प्रियं धनम्०। ऋग्० 1/68/3। तै. उप. 1/11

गुरु-दक्षिणा

प्राचीन परम्परा थी कि शिक्षा की समाप्ति पर शिष्य अपने आचार्य को अपनी श्रद्धा-भक्ति के अनुसार जो कुछ भी उचित समझता था, वह सादर समर्पित करता था। इसमें फल-फूल से लेकर वस्त्र, आभूषण, स्वर्ण आदि सब कुछ सम्मिलित था।

ब्रह्मचर्येण कन्या युवानं विन्दते पतिम्। अ० 11/5/18

ऋग्वेद में गुरु को धन आदि के रूप में दक्षिणा देने का निर्देश है।

सद्योवध्वो ब्रह्मवादिन्श्च।

शिक्षा की समाप्ति पर वे स्नातिका होती थीं और योग्य वर से विवाह करती थीं।

स्त्री हि ब्रह्मा बभूविथ। ऋग्० 8/33/19

स्नातिका होने पर उनके लिए दो मार्ग थे–विवाह करें या आजन्म अविवाहित रहकर 'ब्रह्मवादिनी' बने। ब्रह्मवादिनी स्त्रियाँ ही गार्गी आदि के तुल्य शास्त्रार्थ-महारथी, विदुषी, वेदवित् और मन्त्रद्रष्टा होती थीं।

वशिनी त्वं विदथमा वदासि। अ० 14/1/20

ऋग्वेद में स्पष्ट उल्लेख है कि स्त्री भी ब्रह्मा हो सकती है।

अहं केतुरहं मूर्धा-अहमुग्रा विवाचनी। ऋग्० 10/159/2

मैं ज्ञानियों में अग्रगण्य और मूर्धन्य हूँ। मैं उच्चकोटी की वक्ता हूँ।

इन्द्राण्येतु प्रथमाऽजीताऽमुषिता पुरः। अ० 1/27/4

अथर्ववेद में इन्द्राणी का एक सेनापति के रूप में वर्णन है। वह सेना के आगे-आगे चलती है। वह अजेय और अधृष्य है।

वह धनुष-बाण लेकर शत्रुओं को काटती हुई आगे बढ़ती है।

स्त्रियों हि दास आयुधानि चक्रे। ऋग्० 5/30/9

ऋग्वेद में स्त्री-सेना का भी उल्लेख है। असुरों की स्त्री सेना युद्ध में इन्द्र से लड़ी।

इन्द्राणी वै सेनायै देवता। सैवास्य सेना संश्यति। तैत्ति सं० 2/2/8/1

तैत्तिरीय संहिता में एक महत्त्वपूर्ण बात कही गई है कि इन्द्राणी सेना की देवता है। वही सेना में प्राण फूंकती है। उसके नेतृत्व में निर्बल सेना भी सबल हो जाती है।

विशं विशं युद्धाय सं शिशाधि। अ० 4/31/4

सैन्य शिक्षा

अथर्ववेद में उल्लेख है कि प्रत्येक व्यक्ति को सैन्य शिक्षा दी जाय। राजा के लिए निर्देश है कि वह प्रत्येक व्यक्ति को युद्ध के लिए प्रशिक्षित करे।

सरथम् .. उप प्र यन्तु नरो अग्निरूपाः। अ०4/31/1

अग्नि के तुल्य तेजस्वी वीर रथ पर बैठकर धनुष-बाण हाथ में लेकर शत्रुओं पर आक्रमण करें।

असपत्ना सपत्नघ्नी, जयन्ती-अभिभूवरी। ऋग्० 10/159/5

ऋग्वेद में स्त्री को सपत्नघ्नी (शत्रुओं को नष्ट करने वाली), जयन्ती (विजेता), अभिभूवरी (शत्रुओं को तिरस्कृत करने वाली) कहा गया है।

यजु0 13/26

यजुर्वेद में भी स्त्री को अषाढा (अजेय), सहमाना (विजेता) और सहस्रवीर्या (असंख्य पराक्रम करने वाली) कहा गया है।

अथर्व0 15/6/8 और 11

अथर्ववेद में शिक्षा के इन विषयों का उल्लेख मिलता है:

1. ऋचः (ऋग्वेद), 2. सामानि (सामवेद), 3. यजूंषि (यजुष्, यजुर्वेद), 4. ब्रह्म (ब्रह्मन्, ब्रह्मदेव, अथर्ववेद), 5. इतिहासः (इतिहास), 6. पुराणम् (पुराण, पुरातत्त्व), 7. गाथाः (पद्यात्मक कथावृत्त, दानस्तुतियाँ आदि), 8. नाराशंसीः (उदार दानियों की स्तुतियाँ एवं जीवनवृत्त)।

ष्च वेदान् निरमिमत-सर्पवेदम्, पिशाचवेदम्, असुरवेदम्, इतिहासवेदम्, पुराणवेदमिति। गोपथ ब्राह्मण 1/1/10

गोपथ ब्राह्मण में विविध विद्याओं को वेद नाम देते हुए पाँच वेदों का उल्लेख किया गया है। ये हैं:

1. **सर्पवेद** (सर्पों की विविध जातियाँ, विषचिकित्सा आदि)।
2. **पिशाचवेद** (पिशाच विद्या, रक्षोनाशन, पिशाचनाशन, पिशाचों के क्रियाकलाप)।
3. **असुरवेद** (आसुरी विद्याएँ, अभिचार कर्म एवं माया आदि का प्रयोग तथा उनका निवारण)। आसुरी विद्या में स्थापत्य कला भी सम्मिलित है।
4. **इतिहास वेद** (ऐतिहासिक तथ्यों का संकलन आदि, प्राचीन इतिहास)।

5. पुराण वेद (पुरातत्त्व, सृष्टि-उत्पत्ति आदि का वर्णन, प्राचीन राजवंशों की वंशावली आदि)।

ऋग्वेदं .. यजुर्वेदं, सामवेदम्, आथर्वणं, चतुर्थम्, इतिहासपुराणं ष्चममम्, वेदानां वेदम्, पित्र्यम, राशिम्, दैवम, निधिम्, वाकोवाक्यम् एकायनम्, देवविद्याम्, ब्रह्मविद्याम्, भूतविद्याम्, क्षत्रविद्याम्, नक्षत्रविद्याम्, सर्पदेवजनविद्याम्०। छान्दो० उप० 7/1/2

नारद मुनि के अनुसार हुई विद्याओं का वर्णन इस प्रकार है:

1. ऋग्वेद
2. यजुर्वेद
3. सामवेद
4 अथर्ववेद
5. निधिविद्या (खनिजशास्त्र)
6. वाकोवाक्य (विधि एवं तर्कशास्त्र)
7. एकायन (नीतिशास्त्र)
8. देवविद्या (देवशास्त्र, Mythology)
9. ब्रह्मविद्या (अध्यात्म, Theology, Spritual Science)
10. भूतविद्या (जन्तुशास्त्र)
11. सर्पविद्या (विषविज्ञान, Toxicology)
12. देवजनविद्या (गन्धर्वविद्या, Music)
13. इतिहास
14. पुराण (पुरातत्त्व)
15. वेदांग (शिक्षा, कल्प, निरुक्त, व्याकरण, छन्द, ज्योतिष)
16. पितृविद्या (नृवंश-विज्ञान, Anthropology)
17. राशिविद्या (गणितशास्त्र)
18. दैवविद्या (वर्षाविज्ञान आदि, Meteorology)
19. क्षत्रविद्या (शस्त्रविद्या)
20. नक्षत्रविद्या (ज्योतिष)। (छान्दो० उप०)

विद्यां चाविद्यां च यस्तद्वेदोभय ः सह।
अविद्यया मृत्युं तीर्त्वा विद्ययाऽमृतमश्नुते।। —यजु० 40/14

जो मनुष्य विद्या और अविद्या के स्वरूप को साथ-साथ जानता है वह अविद्या अर्थात् कर्मोपासना से मृत्यु को तरके विद्या अर्थात् यथार्थ ज्ञान से मोक्ष को प्राप्त होता है।

न ता नशन्ति न दभाति तस्करो नासामामित्रो व्यथिरो दधर्षति।
देवांश्च याभिर्यजते ददाति च ज्योगित्ताभिः सचते गोपतिः सह।।

–अ० 4/21/3

विद्याएँ कभी नष्ट नहीं होती हैं, यह अनश्वर धन हैं। विद्या-धन को तस्कर चुरा नहीं सकते, दुःखदायी शत्रु भी इसका तिरस्कार नहीं कर सकते। विद्या धन वह धन है जिसके द्वारा देवयज्ञादि पञ्चयज्ञ किये जाते हैं और जिसका दान सर्वोत्तम है तथा इन्द्रियों के स्वामी जीवात्मा गोपति का निरन्तर इस विद्या के साथ सम्बन्ध रहता है अर्थात् मरने पर जीवात्मा के साथ केवल विद्या-धन ही जाता है, अन्य सारे सांसारिक ऐश्वर्य यहीं रह जाते हैं।

अद्भिर्गात्राणि शुद्ध्यन्ति मनः सत्येन शुद्ध्यति।
विद्यातपोभ्यां भूतात्मा बुद्धिर्ज्ञानेन शुद्ध्यति।। –मनु० 5/109

जल से शरीर की शुद्धि होती है, मन सत्य से शुद्ध होता है, विद्या और तप से आत्मा की शुद्धि होती है और बुद्धि ज्ञान से शुद्ध होती है।

कामधेनुगुणा विद्या ह्यकाले फलदायिनी।
प्रवासे मातृसदृशी विद्या गुप्तं धनं स्मृतम्।। –चा० 4/5

विद्या में कामधेनु के समान गुण हैं, यह असमय में भी फल देनेवाली है, यह विदेश में माता के समान रक्षक और हितकारिणी होती है, इसलिए विद्या को गुप्त-छिपा हुआ धन कहा गया है।

विद्या मित्रं प्रवासेषु भार्या मित्रं गृहेषु च।
व्याधितस्यौषधं मित्रं धर्मो मित्रं मृतस्य च।। –चा० 5/15

विदेशों में विद्या मनुष्य का सच्चा मित्र होता है। घर में शील-गुण-युक्त नारी मनुष्य की वास्तविक मित्र होती है। रोगी के लिए औषध मित्र होता है और मरे हुए मनुष्य का मित्र उसका धर्म होता है।

नक्षत्रभूषणं चन्द्रो नारीणां भूषणं पतिः।
पृथिवी भूषणं राजा विद्या सर्वस्य भूषणम्।।

आकाश का आभूषण चन्द्रमा है, नारी का आभूषण पति है, पृथिवी का आभूषण राजा है, परन्तु विद्या सभी का आभूषण है।

कोकिलानां स्वरो रूपं स्त्रीणां रूपं पतिव्रतम्।
विद्या रूपं कुरूपाणां क्षमा रूपं तपस्विनाम्।। –चा० 3/9

कोयलों का रूप स्वर, स्त्रियों का रूप पतिव्रतधर्म, कुरूपों का रूप विद्या और तपस्वियों की शोभा क्षमाशीलता है।

विद्वान् प्रशस्यते लोके विद्वान् गच्छति गौरवम्।
विद्यया लभ्यते सर्वं विद्या सर्वत्र पूज्यते।। –चा० 8/20

संसार में विद्वान् ही प्रशंसित होता है, विद्वान् ही सर्वत्र आदर पाता है। विद्या से धन-धान्य, मान-प्रतिष्ठा आदि सब कुछ मिलता है। विद्या का सर्वत्र आदर होता है।

रूपयौवनसम्पन्ना: विशालकुलसम्भवा:।
विद्याहीना न शोभन्ते निर्गन्धा इव किंशुका:।। –चा० 3/8

रूप और यौवन से सम्पन्न तथा ऊँचे कुल में जन्म लेने पर भी विद्याविहीन मनुष्य ऐसे ही सुशोभित नहीं होता, जैसे गन्धरहित ढाक के फूल।

शुन: पुच्छमिव व्यर्थं जीवितं विद्यया विना।
न गुह्यगोपने शक्तं न च दंशनिवारणे।। –चा० 7/19

जैसे कुत्ते की पूँछ न तो गुप्तेन्द्रियों को ढाँपने में ही समर्थ है और न ही मच्छर आदि को उड़ाने में। इसी प्रकार विद्याहीन व्यक्ति का जीना व्यर्थ होता है।

किं कुलेन विशालेन विद्याहीनेन देहिनाम्।
दुष्कुलीनोऽपि विद्वांश्च देवैरपि सुपूज्यते।। –चा० 8/19

विद्याहीन बड़े कुल से मनुष्य को क्या लाभ है? नीच कुल में उत्पन्न होनेवाला विद्वान् भी देवों-विद्वानों के द्वारा अत्यन्त सम्मानित होता है।

न विद्यया विना सौख्यं नराणां जायते ध्रुवम्।
अतो धर्म्मार्थमोक्षेभ्यो विद्याभ्यासं समाचरेत्।। –व्यवहारभानु

बिना विद्या के मनुष्य को निश्चल सुख नहीं हो सकता, क्या हुआ, किसी को क्षणभर सुख हुआ, न हुआ-सा है। किसी का सामर्थ्य नहीं है कि जो अविद्वान् होकर धर्म, अर्थ, काम और मोक्ष के स्वरूप को यथावत् जानकर सिद्ध कर सके।

धनहीनो न हीनश्च धनिक: स सुनिश्चय:।
विद्यारत्नेन यो हीन: से हीन: सर्ववस्तुषु।। –चा० 10/1

जो मनुष्य धन से हीन है, वह दीन-हीन नहीं है यदि वह विद्यारूपी धन से युक्त है तो वह निश्चय ही महाधनी है, परन्तु जो मनुष्य विद्यारूपी रत्न से हीन है वह सभी वस्तुओं से हीन है।

विद्यया स्फीयते ज्ञानं ज्ञानात् तत्त्वनिदर्शनम्।
दृष्टतत्त्वो विनीतात्मा सर्वार्थस्य च भाजनम्।।

–महा० अनु० अ० 145 पृ० 5956

विद्या से ज्ञान बढ़ता है, ज्ञान से तत्त्व का दर्शन होता है और तत्त्व का दर्शन कर लेने के पश्चात् मनुष्य विनीतचित्त होकर समस्त पुरुषार्थों का भाजन हो जाता है।

शक्यं विद्याविनीतेन लोके संजीवनं शुभम्।
आत्मानं विद्यया तस्मात् पूर्वकृत्वा तु भाजनम्।।
वश्येन्द्रियो जितक्रोधो भूतात्मानं तु भावयेत्।।

–महा० अनु० अ० 145 पृ० 5956

विद्या से विनीत हुआ पुरुष संसार में शुभ जीवन बिता सकता है, अत: अपने-आपको पहले विद्या द्वारा पुरुषार्थ का भाजन बनाकर क्रोध विजयी एवं जितेन्द्रिय पुरुष सम्पूर्ण भूतों के आत्मा-परमात्मा का चिन्तन करे।

भूषणानां भूषणं सविनया विद्या।। –चा०सू० 368

समस्त आभूषणों का आभूषण विनय-सम्पन्न विद्या होती है।

विद्याधनमधनानाम्।। –चा०सू० 295

निर्धनों का धन विद्या ही है।

विद्या चौरैरपि न ग्राह्या।। –चा०सू० 296

विद्या को चोर भी नहीं चुरा सकते।

विद्यया ख्यापिता ख्याति:।। –चा०सू० 297

विद्या से शीघ्र ख्याति मिल जाती है।

केन ब्रह्मत्वं क्रियते? त्रय्यीविद्ययेति।। –एतरेय 5/5/8

ब्रह्मत्व की प्राप्ति कैसे होती है? त्रयीविद्या के अध्ययन से मनुष्य को ब्रह्मत्व की प्राप्ति होती है।

विद्यया देवलोक: देवलोको वै लोकानां श्रेष्ठस्तस्माद्विद्यां प्रशः सन्ति।।

–बृहदा० 1/5/16

विद्या से देवलोक की प्राप्ति होती है। देवलोक सारे लोकों में श्रेष्ठ है, इसलिए विद्या की प्रशंसा की जाती है।

विद्यया विन्दतेऽमृतम्। –केन० 2/2/4

विद्या से परम आनन्द की प्राप्ति होती है।

यदेव विद्यया करोति श्रद्धयोपनिषदा तदेव वीर्यवत्तरं भवति।।

–छा० 1/1/10

मनुष्य जिस कर्म को विद्या से, श्रद्धा और ज्ञान से करता है, वह कर्म अधिक फलप्रद होता है।

यथा खात्वा खनित्रेण भूतले वारि विन्दति।
तथा गुरुगतां विद्यां शूश्रूषुरधिगच्छति।। –चा०13/1

जैसे फावड़े आदि के द्वारा भूमि को खोदकर व्यक्ति उसमें से जल प्राप्त कर लेता है, इसी प्रकार सेवा करने वाला विद्यार्थी गुरुगत विद्या को प्राप्त कर पाता है।

गुरुशूश्रूषया विद्या पुष्कलेन धनेन वा।
अथवा विद्यया विद्या चतुर्थो नोपलभ्यते।। –चाणक्य-सार-संग्रह 1/39

विद्या की प्राप्ति या तो गुरु-सेवा से हो सकती है अथवा बहुत बड़ी धनराशि द्वारा विद्या अर्जित की जा सकती है, अथवा विद्या के द्वारा (एक विद्या पढ़कर, दूसरी विद्या पढ़ाना) विद्या की प्राप्ति हो सकती है, चौथा कोई प्रकार नहीं है।

शनैरर्थाः शनैः पन्थाः शनैः पर्वतमारुहेत्।
शनैर्विद्या च धर्मश्च व्यायामश्च शनैः शनैः।। –चा० 6/14

धीरे-धीरे धनोपार्जन करना चाहिए, धीरे-धीरे मार्ग गमन करना चाहिए, धीरे-धीरे पर्वत पर चढ़ना चाहिए, धीरे-धीरे विद्या और धर्म का साधन करना चाहिए तथा धीरे-धीरे व्यायाम करना चाहिए।

सुखार्थी च त्यजेद्विद्यां विद्यार्थी च त्यजेद् सुखम्।
न विद्यासुखयोः सन्धिस्तेजस्तिमिरयोरिव।। –चा० रा० 3/25

सुखार्थी को विद्या प्राप्ति की आशा छोड़ देनी चाहिए और विद्यार्थी को सुख-प्राप्ति की आशा छोड़ देनी चाहिए, क्योंकि विद्या और सुख की सन्धि ऐसे ही असम्भव है, जैसे प्रकाश और अन्धकार का मेल।

गृहाऽऽसक्तस्य नो विद्या नो दया मांसभोजिनः।
द्रव्यलुब्धस्य नो सत्यं स्त्रैणस्य न पवित्रता।। –चा० 11/5

घर में आसक्त विद्यार्थी विद्या की प्राप्ति नहीं कर सकता। माँसाहारी में दया, धन-लोभी में सत्यता और व्यभिचारी में पवित्रता नहीं होती।

जलबिन्दुनिपातेन क्रमशः पूर्यते घटः।
स हेतुः सर्वविद्यानां धर्मस्य च धनस्य च।। –चा० 12/19

क्रमशः पानी की एक-एक बूँद से घड़ा भर जाता है, इसी प्रकार धीरे-धीरे अभ्यास करने से सब विद्याओं की प्राप्ति हो जाती है, इसी प्रकार थोड़ा-थोड़ा करके धर्म और धन का सञ्चय भी हो जाता है।

अभ्यासाद्धार्यते विद्या कुलं शीलेन धार्यते।
गुणेन ज्ञायते त्वार्यः कोपो नेत्रेण गम्यते।। –चा० 5/8

विद्या की प्राप्ति निरन्तर अभ्यास से होती है। कुल की स्थिरता, कुल का यश और गौरव उत्तम गुण-कर्म और स्वभावों से फैलता है। आर्य की पहचान श्रेष्ठ गुणों से होती है और क्रोध का ज्ञान नेत्रों से हो जाता है।

आलास्योपहता विद्या परहस्तगताः स्त्रियः।
अल्पबीजं हतं क्षेत्रं हतं सैन्यमनायकम्।। –चा० 5/7

आलस्य से विद्या नष्ट हो जाती है, दूसरे के पास गई हुई स्त्री नष्ट हो जाती है, बीज की कमी से खेत नष्ट हो जाता है और सेनापति से रहित सेना मारी जाती है।

अनन्तशास्त्रं बहुलाश्च विद्या अल्पश्च कालो बहुविघ्नता च।
यत्सारभूतं तदुपासनीयं हंसो यथा क्षीरमिवाम्बुमध्यात्।। –चा० 15/10

वेदादि शास्त्र अनन्त हैं और विद्याएँ भी बहुत हैं। दूसरी ओर समय बहुत कम है और विघ्न बहुत हैं, अतः इन शास्त्रों में जो सार है, उसे ग्रहण करना चाहिए, जैसे हंस दूध और पानी के मिश्रण में से दूध को ग्रहण कर लेता है और पानी को छोड़ देता है।

प्रमुख स्रोत

1. *वेदों में समाजशास्त्र, अर्थशास्त्र और शिक्षा शास्त्र*, डॉ० कपिलेश द्विवेदी, 2002 ।
2. *विद्यागौरव, आचार्य ब्र० नन्द किशोर, 2004* ।
3. '*Vedas for the Young*' T.R. Gupta and J.C. Aggarwal, 1994, Shipra

6

मध्यकालीन भारत में शिक्षा
(Education in the Medieval Period of India)

मध्यकालीन भारत में शिक्षा का सिंहावलोकन

भारतीय इतिहास के मध्यकाल में 800 ई. से 1750 ई. तक का समय सामान्यत: शामिल किया जाता है। इस काल को कभी-कभी मुस्लिम काल भी कहा जाता है तथा शिक्षा को मुस्लिम कालीन शिक्षा। यहां यह लिखना भी आवश्यक है कि यद्यपि शासक वर्ग मुस्लिम शिक्षा को प्रोत्साहन देता था, फिर भी ब्राह्मण शिक्षा व्यवस्था भी कई क्षेत्रों में प्रचलित थी।

दिल्ली सल्तनत के शासन काल में शिक्षा

800 ई. से 1200 ई. तक का समय शिक्षा की दृष्टि से इतना महत्त्वपूर्ण नहीं था। इस समय में राजनैतिक अस्थिरता का वातावरण था। उत्तरी तथा पश्चिमी भारत में अनेक राजपूत राज्य स्थापित थे। वहां पर हिन्दू शिक्षा व्यवस्था किसी न किसी रूप में प्रचलित थी। 11वीं शताब्दी के आरम्भ में महमूद गजनवी ने अनेक आक्रमण किए। इसके पश्चात् मुहम्मद गौरी ने सन् 1192 में पृथ्वीराज को हरा कर भारत में मुस्लिम शासन को स्थापित किया। यह स्वाभाविक था कि शासक वर्ग अपनी सभ्यता, संस्कृति, भाषा आदि का सम्वर्धन भारत में करे। अत: प्रचलित वैदिक शिक्षा व्यवस्था तथा बौद्धिक शिक्षा व्यवस्था को उत्तर भारत में बहुत क्षति पहुंची। माना जाता है कि आक्रमणकारियों ने यहां के विश्वविद्यालयों को तहस-नहस किया। अनेक महत्त्वपूर्ण सांस्कृतिक, धार्मिक तथा वैज्ञानिक ग्रन्थ नष्ट हुए।

महमूद गजनवी ने अपने देश में अनेक स्कूल तथा कालेज खोले परन्तु भारत में ब्राह्मणिक शिक्षा को नष्ट करने में कोई कसर न छोड़ी। उसके आक्रमण मन्दिरों पर थे जो कि प्राय: शिक्षा के केन्द्र थे।

मुहम्मद गौरी जिसे भारत में मुस्लिम शासन का स्थापितकर्ता माना जाता है, वह पहला सुल्तान था जिसने मुस्लिम संस्कृति का विकास करने हेतु अजमेर में स्कूल तथा अन्य इस प्रकार के संस्थान खोले। उसने अपने गुलामों को भी शिक्षा दी। उसका शासन काल बहुत थोड़ा था। अत: किसी भी योजनाबद्ध तरीके से शिक्षा नीति न बन सकी।

कुतबुद्दीन ऐबक (1206 से 1210 ई.) मुहम्मद गौरी के पश्चात् दिल्ली का सुल्तान बना। उसने अनेक मस्जिदें बनवाई जिनमें धार्मिक तथा अन्य विषयों के अध्ययन की व्यवस्था की।

इल्तुतमिश (1211-1236 ई.) ने दिल्ली में सबसे पहला 'मदरसा' (उच्च शिक्षा केन्द्र) स्थापित किया।

सुल्ताना रजिया बेगम (1236-1240 ई.) ने कुछ स्कूल स्थापित किए।

नसीरुद्दीन महमूद (1246-1266 ई.) सुल्तान स्वयं विद्वान था। वह विद्वानों का मान करता था। जालन्धर में उसने एक कालेज की स्थापना की। 'तबाकत-नासीरि' का लेखक मिन्हाल-उल-सिराज इस कालेज का प्रिंसिपल था।

गियासुद्दीन बलवन (1266-1286 ई.) गियासुद्दीन बलवन विद्वानों का आदर करता था। मध्य एशिया से अनेक विचारकों ने इसके दरबार में शरण ली।

खिलजी वंश (1290-1320 ई.) के सुल्तान जलालुद्दीन (1290-96 ई.) ने शाही पुस्तकालय की स्थापना करके अमीर खुसरो को उसका निरीक्षक नियुक्त किया।

अलाउद्दीन खिलजी (1296-1316 ई.) यद्यपि निरक्षर था, उसने दिल्ली में हौजखास स्थान पर एक मदरसा स्थापित किया। उसने शिक्षा के प्रसार में रूचि ली।

तुगलक वंश (1320-1412 ई.) के सुल्तान मुहम्मद तुगलक (1325-1351 ई.) के शासन काल में दिल्ली में अनेक विद्वान दूसरे देशों से आए। 1346 ई. में उसने दिल्ली में एक मदरसा बनाया तथा इसके साथ एक मस्जिद को जोड़ा। परन्तु उसकी मूर्खतापूर्ण दिल्ली से दौलताबाद राजधानी बदलने की योजना ने दिल्ली को इस्लामिक शिक्षा का केन्द्र बनाने में बहुत क्षति पहुंचाई।

फिरोज शाह तुगलक (1351-1388 ई) के शासन काल में शिक्षा का बहुत प्रसार हुआ। वह स्वयं प्रसिद्ध शिक्षाविद् था तथा विद्वानों का आदर-सत्कार

करता था। सर्वसाधारण की शिक्षा के विकास हेतु उसने अपने राज्य के अनेक भागों में कई विद्वान भेजे। पुराने मदरसों की मरम्मत की तथा नए मदरसे बनवाए। उसने लगभग तीस मदरसों की स्थापना की तथा उनके व्यय का उचित प्रबंध किया। इन सबसे ख्याति प्राप्त दिल्ली में 'मदरसा फिरोज शाही' है। यह मदरसा मुस्लिम परम्पराओं पर आधारित था। यहां पर छात्रों के रहने की भी व्यवस्था थी। निर्धन छात्रों को सहायता उपलब्ध थी। अध्यापकों को भी अनेक सुविधाएँ प्रदान की गई थीं। फिरोज शाह ने महल में कार्यरत दासों की शिक्षा की भी व्यवस्था की। उन्हें विभिन्न प्रकार के व्यावसायिक शिल्पों की शिक्षा दिलवाने का प्रबन्ध किया। इस काम के लिए उसने अलग से विभाग की स्थापना की तथा व्यय का प्रबंध किया। मदरसों की देखभाल के लिए फिरोज शाह ने बड़ी-बड़ी जागीरें इनके साथ जोड़ी। उसके शासन काल में दिल्ली में लगभग 1000 मदरसे थे।

सैयद वंश (1414-1451 ई.) ने दो नगरों–बदायु तथा कुटटेर को शिक्षा का केन्द्र बनाया।

लोदी वंश (1451-1526 ई.) के बहलोल लोदी (1451-89 ई.) ने कुछ कालेजों की स्थापना की।

सुल्तान सिकन्दर लोदी (1498-1517 ई.) एक प्रसिद्ध कवि था। उसने सैनिक अधिकारियों के लिए अनिवार्य शिक्षा का आरम्भ किया। उसके काल में उच्च स्तर के साहित्य का सृजन हुआ। उनके अपने राज्य के विभिन्न भागों में कई मदरसे स्थापित किए तथा योग्य अध्यापकों की नियुक्ति की। अरब, मध्य एशिया तथा फारस से विद्वानों को आमंत्रित किया। मथुरा तथा नरवार के मदरसे सभी के लिए खोल दिए गए। कायस्थ हिन्दुओं ने फारसी भाषा तथा साहित्य के अध्ययन में रुचि ली। सिकन्दर लोदी के काल में आगरा उच्च शिक्षा का प्रसिद्ध केन्द्र बना। तैमूर के 1398 ई. के आक्रमण के पश्चात् जौनपुर ने उच्च शिक्षा के केन्द्र के रूप में ख्याति प्राप्त की।

बंगाल राज्य में **सम्राट हुसैन शाह** (1493-1519 ई.) तथा नुसरत शाह (1519-1533 ई.) ने अनेक स्कूल तथा कालेज खोले तथा उनके खर्च का प्रबंध किया। बंगाली भाषा तथा साहित्य का काफी विकास हुआ।

गुजरात में कई मकतब (प्राथमिक स्कूल) तथा मदरसे खोले गए।

काश्मीर के सुल्तान जैनुल आबिदीन (1420-1470 ई.) को फारसी, संस्कृत और तिब्बती का अच्छा ज्ञान था। वह एक महान कवि था। उसने अनेक विद्वानों को संरक्षण दिया। अरबी तथा फारसी के अनेक ग्रन्थों का स्थानीय भाषाओं में अनुवाद कराया। महाभारत तथा राजतरंगिणी का फारसी में अनुवाद किया गया।

दक्षिण भारत में शिक्षा – दक्षिण में अहमदनगर तथा गोलकुण्डा में अनेक मकतब तथा मदरसे स्थापित किए गए।

विजय नगर राज्य (1336-1614 ई.) में हिन्दू धर्म, संस्कृति, दर्शन, व्याकरण आदि पर उत्कृष्ट कृतियों की रचना की गई। शासकों ने संस्कृत, तमिल, तेलगू तथा कन्नड़ साहित्य और भाषाओं को प्रोत्साहित किया। कहा जाता है कि कृष्णदेव राय (1509-1529 ई.) के शासन काल में दक्षिण भारत के साहित्यिक इतिहास में एक नए युग का शुभारंभ हुआ। वह स्वयं एक महान् विद्वान, संगीतकार तथा कवि था।

मुगल युग में शिक्षा

बाबर (1526-1530 ई.) को मुगल राज्य का संस्थापक माना जाता है। वह अरबी, फारसी तथा तुर्की भाषाओं का विद्वान था। सैयद मकबर अली ने अपनी 'तवारीख' (इतिहास) में लिखा है कि बाबर ने मकतबों तथा मदरसों की उन्नति पर बहुत ध्यान दिया। उसने एक विभाग 'शुहरते-आम' खोला जिसका कार्य शिक्षा संस्थाओं की उन्नति की व्यवस्था करना था। परन्तु उसका शासन अल्पकालिक था। अत: शिक्षा के क्षेत्र में कोई विशेष कार्य न हो सका।

बाबर के पश्चात् उसका लड़का हुमायूँ (1530-1540 ई.) तथा (1555-56 ई.) पुस्तकों का बड़ा प्रेमी था। उसने दिल्ली में एक मदरसे की स्थापना की और पुराने किले (दिल्ली) में पुस्तकालय खोला। उसके काल में भूगोल और ज्योतिष ने बहुत उन्नति की। उसने इन विषयों तथा गणित का अध्ययन अपने द्वारा स्थापित मदरसे में आरम्भ किया। उसने दिल्ली में एक कालेज भी खोला जिसे एक मकबरे के साथ सम्बद्ध किया गया।

शेरशाह सूरी (1540-1545 ई.) जो कि सूर वंश के राज्य का संस्थापक था, उसने शिक्षा के प्रसार के लिए बहुत प्रयास किए तथा ठोस कदम उठाए। बादशाह बनने के पूर्व ही उसने नारनील में एक मदरसे की स्थापना की।

अकबर (1556-1605 ई.) मुगल बादशाहों में सबसे 'महान' बादशाह माना जाता है। यद्यपि वह निरक्षर था तथापि उसने शिक्षा के क्षेत्र में बहुत मूल्यवान कार्य किया। उसने मकतबों और मदरसों की स्थापना तथा देखभाल पर बहुत ध्यान दिया। फतहपुर सीकरी, आगरा व अन्य अनेक नगरों में उसने मदरसे खुलवाए, जिनमें अनेक विद्वान शिक्षण का कार्य करते थे। अकबर ने यह भी व्यवस्था की कि इन मदरसों में हिन्दू छात्र भी शिक्षा प्राप्त कर सकें। अकबर ने इस प्रकार का एक फरमान जारी किया, जिसके अनुसार यदि किसी धनी व्यक्ति के कोई सन्तान

न हो तो उसकी मृत्यु के पश्चात् उसकी सारी जायदाद मदरसों की मरम्मत आदि पर खर्च की जाए।

जहांगीर (1605-1627 ई.) फारसी तथा तुर्की भाषाओं का विद्वान था। अकबर की भान्ति उसने भी एक ही ऐसा फरमान जारी किया। जहांगीर ने अनेक मदरसे जो उजड़े पड़े थे, उनको पुनः चालू किया।

शाहजहाँ (1628-1658) ने एक शाही मदरसे की दिल्ली में स्थापना की तथा इस के साथ जायदाद लगाई। उसकी लड़की जहांआरा ने आगरे में एक मदरसा बनवाया और उसे जामा मस्जिद से सम्बन्धित किया।

शाहजहाँ का लड़का **दाराशिकोह** अरबी, फारसी तथा संस्कृत का विद्वान था। उसने उपनिषद्, भगवद्गीता, योगवासिष्ठ आदि अनेक संस्कृत ग्रन्थों का स्वयं फारसी में अनुवाद किया।

औरंगजेब (1658-1707 ई.) का समय मुगल-साम्राज्य के विस्तार करने में तथा लड़ाई-झगड़ों में गुजरा। उसने मुस्लिम धर्मशास्त्रों के अध्ययन को प्रोत्साहित करने के लिये अनेक महत्त्वपूर्ण कार्य किये।

मुस्लिम शिक्षा की विशेषताएँ

शिक्षा का महत्त्व

इस्लाम धर्म में भी हिन्दू धर्म के समान ही शिक्षा को महत्त्व दिया गया है। कुरान में हजरत मुहम्मद ने लोगों को ज्ञान-उपार्जन के लिए प्रोत्साहित किया है। विद्यार्थियों तथा अध्यापकों को इस्लाम ने बहुत पवित्र माना है। कितने ही लोगों ने मदरसों से गाँव जोड़े। शैक्षिक संस्थाएँ स्थापित करने तथा विद्वानों को दान देने में अत्यंत सिद्धान्तहीन निरंकुश शासक, धनी महाजन तथा साधारण धनिक एक-दूसरे से स्पर्धा करते थे।

शिक्षा पर शासक वर्ग के धर्म का प्रभाव

मुस्लिम शासकों ने इस्लाम धर्म का प्रचार करने की भावना से प्रेरित होकर भारत में मुस्लिम शिक्षा व्यवस्था प्रारम्भ की। कभी-कभी ऐसा भी हुआ कि कुछ मुस्लिम सम्राटों ने भारत की प्राचीन शिक्षा व्यवस्था को समाप्त करने के प्रयास किए। यद्यपि अकबर तथा कुछ अन्य शासकों ने मुस्लिम तथा प्राचीन शिक्षा तथा संस्कृति व्यवस्था को मिलाने के लिए कुछ उपाय किए। परन्तु साधरणतः शासकों ने केवल मुस्लिम शिक्षा पद्धति की उन्नति के लिए प्रयास किए। कालान्तर में हिन्दुओं ने भी अनेक मदरसों से लाभ उठाकर अपने को राजपदों के योग्य

प्रमाणित किया। अधिकांश हिन्दू शिक्षा केन्द्र अपने क्रम से चलते रहे यद्यपि कुछ मुसलमान शासकों ने कुछ संगठित शिक्षा केन्द्रों को नष्ट कर दिया।

शिक्षा के उद्देश्य

समय-समय पर भारत में इस्लामी शिक्षा के विभिन्न उद्देश्य रहे हैं और शासकों द्वारा इन उद्देश्यों में परिवर्तन एवं परिवर्द्धन भी होता रहा है। संक्षेप में इन उद्देश्यों को इस प्रकार सामने रखा जा सकता है–

धर्मपरायणता

इस्लामी शिक्षा का मुख्य लक्ष्य लोगों को धर्मपरायण बनाना था। साथ ही उन्हें इस्लाम धर्म का अनुयायी बनाना था। अतः मूल उद्देश्य इस्लाम धर्म की शिक्षा देना था। यही कारण था कि प्रत्येक मस्जिद के साथ एक मकतब होता था। इसी प्रकार मकतब के साथ मस्जिद मकतब जहाँ पर सामूहिक रूप से नमाज व खुदा की इबादत भी की जाती थी।

ज्ञानार्जन की प्रेरणा

इस्लाम धर्म के प्रवर्तक मुहम्मद साहिब ने प्रत्येक सच्चे मुसलमान को ज्ञान प्राप्त करने की प्रेरणा दी है और उनका विचार था कि ज्ञान के बिना हम धर्म का पालन नहीं कर सकते।

इस्लाम धर्म का प्रचार

इस्लामी शिक्षा में लोगों का ऐसा विश्वास था कि जो मुसलमान ईमानदारी से इस्लामी मजहब का प्रचार करता है उससे खुदाबन्द करीम खुश रहता है।

मकतब में बालकों को कुरान की उन आयतों या अंशों को कण्ठस्थ कराया जाता था जो कि एक मुसलमान के लिए नमाज या अन्य धार्मिक बातों के लिए आवश्यक समझे जाते थे।

नैतिक भावना का जागरण तथा विकास

इस्लामी शिक्षा द्वारा व्यक्ति के चरित्र का निर्माण करना भी था क्योंकि इस्लाम धर्म के पैगम्बरों ने चरित्र निर्माण पर बहुत अधिक बल दिया है।

सांसारिक वैभव की ओर

इस्लामी शिक्षा का उद्देश्य सांसारिक वैभव प्राप्त करना भी था यद्यपि कुछ विचारक इसे इस्लामी शिक्षा की दुर्बलता मानते हैं। अधिकांश लोग काजी, धर्मोपदेशक पदों के योग्य बनाने के लिए मदरसों में जाते थे।

राजनीतिक उद्देश्य

शासक ऐसे व्यक्तियों को अपनी भाषा में शिक्षित करना चाहते थे जो राज्य के लायक बनकर उनकी मदद कर सकें।

शिक्षा तथा सरकार

वैदिक और बौद्ध युग में शिक्षा व्यवस्था का राज्य का किसी प्रकार हस्तक्षेप न था। किन्तु मुस्लिम शिक्षा को पूरी तरह शासकों से ही प्रेरणा मिली। मुस्लिम शिक्षा व्यवस्था मुख्यत: राज्याश्रित थी या यों कहिए कि वह शासकाश्रित थी। शासक की रुचि के अनुसार शिक्षा में प्रसार हुआ अन्यथा विनाश। स्थान-स्थान पर अनेक मकतब तथा मदरसे और पुस्तकालयों का आरम्भ शासकों की ओर से ही हुआ। उल्मा और मौलवियों का संरक्षण तथा पालन-पोषण सरकारी खजाने से ही होता था।

मकतब तथा मदरसे

मकतब एक प्रकार का प्राथमिक स्कूल था जहाँ प्रारम्भिक शिक्षा दी जाती थी। मकतब प्राय: 'मस्जिदों से लगे रहते थे।'

मकतबों से निकलकर विद्यार्थी मदरसों में जाते थे। मदरसों का सम्बन्ध उच्च शिक्षा से था। मकतबों का प्रबन्ध या तो सरकार की ओर से होता था या उनका प्रबन्ध प्रतिष्ठित नागरिकों और समितियों के हाथ में रहता था।

पाठ्यक्रम

प्राथमिक शिक्षा के पाठ्यक्रम में कुरान की आयतों और प्रार्थनाओं को याद कराना या कहीं-कहीं इदीस, कविता और नीतिशास्त्र की शिक्षा देना सम्मिलित था। सादी का 'पन्दनामा' भी पढ़ाया जाता था। ठीक उच्चारण पर बड़ा ध्यान दिया जाता था। इसके पश्चात् लिखने की शिक्षा दी जाती थी। फिर फारसी का व्याकरण रटाया जाता था। इसके बाद सादी का 'गुलिस्तान' तथा 'बोस्ता' समझाकर पढ़ाए जाते थे जिनसे नैतिक शिक्षा भी मिलती थी, साथ ही लिखने की कला में प्रतिदिन चार-पाँच घण्टे लगाए जाते थे।

मदरसों में शिक्षा का माध्यम साधारणत: फारसी भाषा थी। उच्च शिक्षा का पाठ्यक्रम दो प्रकार का था। धार्मिक तथा सांसारिक। धार्मिक पाठ्यक्रम के अन्तर्गत कुरान शरीफ और उसका अध्ययन, इस्लामी इतिहास और कानून पर बल दिया जाता था। सांसारिक पाठ्यक्रम में अरबी, फारसी, व्याकरण, साहित्य, गणित, इतिहास, भूगोल, यूनानी चिकित्सा, कृषि, दर्शन, कानून, ज्योतिष आदि सम्मिलित थे। कुछ मदरसों में शिल्प एवं वास्तुकला को भी महत्त्व दिया जाता था।

प्रारम्भिक शिक्षा में प्रवेश विधि

इस्लामी शिक्षा व्यवस्था के अन्तर्गत प्रवेश के समय 'बिस्मल्लाह संस्कार' किया जाता था। जब बालक ठीक 4 वर्ष, 4 माह और 4 दिन का होता था तब यह संस्कार सम्पन्न किया जाता था। उस दिन बालक को नए कपड़े धारण कराए जाते थे। बालक के समक्ष कुरान की भूमिका और कुरान की 55वें अध्याय की कुछ आयतें रखी जाती थीं तथा बालक से यह दुहरवाया जाता।

गुरु शिष्य सम्बन्ध

गुरु की कृपा तथा सहवास से ही ज्ञान, सदाचार तथा धर्म की शिक्षा सम्भव थी। गुरु का आदर तथा सेवा करना शिष्य का कर्त्तव्य था।

शिक्षक का समाज में स्थान

शिक्षकों का समाज में बहुत मान होता था। साधारणत: वे धार्मिक व्यक्ति हुआ करते थे। यद्यपि शिक्षक समुदाय इतना धनी नहीं था पर उनकी समाज में प्रतिष्ठा थी। उनकी आवश्यकताएँ कम थीं।

अध्यापन तथा शिक्षण विधि

सर्वप्रथम बच्चे को लिपि का ज्ञान आँख तथा कान से कराया जाता था। ठीक उच्चारण पर बड़ा ध्यान दिया जाता था। समझने पर प्रारम्भिक अवस्था में कम ध्यान दिया जाता था। रटने पर ज्यादा जोर था। इसके बाद लिखने की शिक्षा दी जाती थी।

मदरसों में भाषण और प्रयोग पद्धति प्रचलित थी। मदरसा शब्द ही इस बात का द्योतक है कि दरस अथवा भाषण द्वारा ही शिक्षा दी जा सकती है।

मदरसों में तर्क पद्धति भी अपनाई जाती थी। राजदरबारों में शास्त्रार्थ हुआ करते थे।

पुरस्कार तथा शारीरिक दण्ड

छात्रों को उसकी योग्यता एवं कौशल से प्रसन्न होकर पारितोषिक देकर अध्ययन के लिए प्रेरित किया जाता। अध्ययन समाप्ति पर प्रमाण-पत्र तथा सनद दिए जाते। विशेष योग्यता का प्रदर्शन करने वाले छात्रों को राज्य में उच्च अधिकारियों का पद प्रदान करना साधारण-सी बात थी।

अध्यापक बालक की गलती भी बरदाशत नहीं कर सकता था। दण्ड व्यवस्था अति कठोर थी, छात्रों को बैतों, कोड़ों एवं थप्पड़-घूसों से पीटना मामूली बात थी।

स्त्री शिक्षा

मुस्लिम काल में पर्दा-प्रथा के कारण स्त्री शिक्षा सार्वजनिक नहीं हो सकी। मुस्लिम युग में उच्च स्त्री शिक्षा का कोई समुचित प्रबन्ध न था। जन-साधारण के लिए तो लड़कियों की प्रारम्भिक शिक्षा का भी व्यवस्थित ढंग से प्रबन्ध न था।

मुगलकाल में ऊँचे घरों की लड़कियों की शिक्षा पर विशेष बल दिया जाता। इस युग में कई उच्चकोटि की विदुषी नारियों के उदाहरण मिलते हैं। बाबर की पुत्री गुलबदन ने 'हुमायूंनामा' लिखा। सुल्ताना रजिया, साम्राज्ञी नूरजहाँ फारसी भाषा की प्रसिद्ध कवियत्री थीं। जेबुन्निसा और जहाँनारा भी इस युग की देन हैं। राजघराने की लड़कियाँ घर पर ही शिक्षा प्राप्त करती थीं।

शिल्प शिक्षा

मुस्लिम शिक्षा विशेषतः शिल्पोन्नति के लिए प्रसिद्ध है। हाथी दाँत का काम, रेशम व ज़री का काम, रथ और युद्ध सामग्री का निर्माण, मलमल की बुनाई आदि हस्त कौशल के लिए मुस्लिम कारीगर विश्व विख्यात थे। भवन निर्माण, चित्रकला, संगीत, नृत्य जैसी ललित कलाओं का पोषण और संरक्षण इस काल के मदरसों में ही हुआ करता था।

मुस्लिम कालीन शिक्षण केन्द्र

मुस्लिम प्रारम्भिक शिक्षा की व्यवस्था तो प्रत्येक मस्जिद अथवा मुस्लिम आबादी के आसपास होती थी। किन्तु उच्च शिक्षा नगरों में ही केन्द्रित रही जिसका मुख्य कारण यह था कि भारतीय मुस्लिम सभ्यता तथा शासन सत्ता अधिकांशतया नगरों में ही रही।

कुछ केन्द्र कुछ विशेष विषयों के लिए प्रसिद्ध हुए। लाहौर और स्यालकोट गणित तथा ज्योतिष के केन्द्र थे। दिल्ली में इस्लामी प्रचलनों तथा प्रथाओं पर पाण्डित्य की कमी न थी। रामपुर तर्क तथा चिकित्सा के लिए प्रसिद्ध था। लखनऊ शिया-शिक्षा का केन्द्र बन गया। हैदराबाद आगे चलकर उर्दू शिक्षा का केन्द्र बन गया।

निःशुल्क शिक्षा

मकतबों तथा मदरसों में निःशुल्क शिक्षा की व्यवस्था थी। इन शिक्षा-संस्थाओं के खर्च का सम्पूर्ण भार इनके संस्थापकों तथा संचालकों अथवा शासकों द्वारा वहन किया जाता था।

कक्षा-नायकीय पद्धति

मुस्लिम शिक्षा संस्थाओं में कक्षा-नायकीय पद्धति प्रचलित थी। इस पद्धति में अध्यापक अपने अध्यापन कार्य में उच्च कक्षाओं के मेधावी छात्रों की सहायता लेते थे।

भाषा को प्रोत्साहन

फारसी मुस्लिम शासकों की शासन की भाषा थी। इस कारण इस भाषा को बहुत प्रोत्साहन मिला। इस भाषा के विद्वानों की राजपदों के लिए बहुत मांग थी। अरबी भाषा को भी प्रोत्साहन मिला।

साहित्य तथा इतिहास का विकास

अनेक मुस्लिम शासकों ने विद्वानों को संरक्षण दिया, जिसके फलस्वरूप उच्च स्तर के साहित्य का सृजन हुआ।

कुछ शासकों ने अपनी आत्मकथाएँ भी लिखीं। कुछ विद्वानों ने इतिहास पर ग्रन्थ लिखे।

इतिहास पर प्रसिद्ध पुस्तकें निम्नलिखित हैं–

1. जियाउदवरनी द्वारा लिखित 'तारीख-ए-फिरोजशाही' (13वीं शताब्दी),
2. बाबर द्वारा लिखित 'तुजके-बाबरी' (बाबर के संस्मरण),
3. बेगम गुलबदन का 'हुमायूंनामा' (16वीं शताब्दी),
4. अबुल फ़जल का 'अकबरनामा' (16वीं शताब्दी),
5. जहाँगीर की 'तुजके-जहांगीरी' (17वीं शताब्दी),
6. मुहम्मद मासूम का फ़तुहालि-ए-ऑरंगजेब' (17वीं शताब्दी)।

परीक्षा प्रणाली

प्रायः शिक्षक स्वयं परीक्षा लिया करते थे।

व्यावसायिक शिक्षा

मुस्लिम शिक्षा व्यवस्था में व्यावसायिक शिक्षा का भी प्रावधान था। (इसका विवरण अलग से दिया गया है)।

शिक्षा संस्थाओं के प्रकार

मुस्लिम काल में निम्न प्रकार की शिक्षा संस्थाएँ थीं:

मकतब

'मकतब' शब्द की उत्पत्ति अरबी के 'कुतुब' शब्द से हुई है जिसका अर्थ है **'उसने लिखा'** इस प्रकार मकतब वह स्थान है जहां बालकों को पढ़ना-लिखना सिखाया जाता है। मकतब में प्राथमिक स्तर की शिक्षा प्रदान की जाती-थी। प्राय: मकतब में एक शिक्षक होता था। साधारणत: मकतब किसी मस्जिद से सम्बद्ध होते थे। कहीं-कहीं मौलवी व्यक्तिगत रूप से अपने घरों पर या अन्य सुविधाजनक स्थानों पर मकतब चलाते थे।

कई स्थानों पर मकतबों में हिन्दू बालक भी शिक्षा प्राप्त करते थे। प्राय: हर गांव में एक मकतब अवश्य होता था।

खानकाहें

'खानकाह' मे केवल मुस्लिम छात्र ही शिक्षा प्राप्त कर सकते थे।

दरगाह

दरगाहों में भी मुस्लिम छात्र ही शिक्षा प्राप्त कर सकते थे।

कुरान-स्कूल

कुरान-स्कूल साधारणत: मस्जिदों से जुड़े होते थे। इनमें केवल कुरान शरीफ की ही शिक्षा प्रदान की जाती थी। छात्रों को पहले अरबी लिपि का ज्ञान कराया जाता था। इसके पश्चात् कुरान की आयतें रटायी जाती थीं। यहां पर लिखने तथा गणित की शिक्षा की कोई व्यवस्था नहीं थी।

फारसी-स्कूल

मुस्लिम शासन में, फ़ारसी राज भाषा थी। शासन में विभिन्न पदों पर काम करने के लिए इस भाषा का जानना आवश्यक था। इस मांग को पूरा करने के लिए फ़ारसी के स्कूलों की स्थापना की गई थी।

फ़ारसी तथा कुरान के स्कूल

इन स्कूलों में फ़ारसी तथा कुरान दोनों की शिक्षा दी जाती थी।

अरबी के स्कूल

अरबी स्कूलों का प्रमुख उद्देश्य अरबी भाषा में प्रवीण विद्वानों का निर्माण करना था। इनका उच्च स्तर था।

मदरसे

'मदरसे' शब्द की उत्पत्ति अरबी भाषा के शब्द 'दरस' से हुई थी। जिसका अर्थ है 'भाषण' इस कारण मदरसा वह स्थान है जहां पर भाषा या व्याख्यान विधि का प्रयोग किया जाता है। (मदरसों संबंधी विवरण अलग से दिया गया है)।

प्राथमिक शिक्षा की व्यवस्था

प्राथमिक शिक्षा संस्थाओं के प्रकार

मुख्यतः प्राथमिक शिक्षा संस्थाएँ इस प्रकार की थीं–

1. मकतब,
2. खानकारों से जुड़े स्कूल,
3. दरगाहों से जुड़े स्कूल,
4. मौलवियों के घरों में शिक्षा,
5. नवाबों आदि के बच्चों की घर पर शिक्षा।

प्राथमिक स्तर पर प्रवेश विधि

प्राथमिक शिक्षा का आरम्भ 'बिस्मिल्लाह' की रस्म के पश्चात् होता था। यह रस्म उस समय होती थी, जब बालक 4 वर्ष, 4 माह तथा 4 दिन का होता था। इस अवसर पर बालक को शुभ कामनाएँ देने के लिए उसके लगभग सभी संबंधी उपस्थित रहते थे। मौलवी साहब द्वारा कुरान शरीफ की आयतें पढ़ी जाती थीं। बालक उनहें दोहराता था।

पाठ्यक्रम

भिन्न-भिन्न प्राथमिक स्कूलों का पाठ्यक्रम एक जैसा न था। साधारणतः बालकों को पढ़ने लिखने तथा गणित की शिक्षा दी जाती थी। कुरान की आयतों को बालकों को कण्ठस्थ कराया जाता था। इन आयतों के शुद्ध उच्चारण पर जोर दिया जाता था। बालक इन आयतों का अर्थ नहीं समझते थे। जब बालक को पढ़ने तथा लिखने का पर्याप्त ज्ञान हो जाता था, तब उन्हें व्याकरण तथा फारसी भाषा की शिक्षा दी जाती थी।

मुख्य पुस्तकें

बालकों के चरित्र निर्माण के लिए उन्हें शेख सादी की प्रसिद्ध पुस्तकें 'बोस्ताँ' तथा 'गुलिस्ताँ' पढ़ाई जाती थीं। कई स्थानों पर 'पन्दनामा' अतर द्वारा लिखित पुस्तक पढ़ायी जाती थी।

पहाड़े

ऊंची आवाज से बालकों को पहाड़े (नम्बरों को गुणा करना) सिखाया जाना।

सुन्दर लिखाई

सुन्दर लिखाई पर बहुत जोर दिया जाता था। लिखने के लिए लकड़ी की तख्ती का प्रयोग किया जाता था।

शिक्षण विधि

शिक्षण विधि मौखिक थी। पाठ को कण्ठस्थ करने पर जोर दिया गाया।

भवन

प्राय: छात्र वृक्षों की छाया में कतारों में जमीन पर बैठते थे। अध्यापक चटाई का प्रयोग करते थे।

व्याकरण

व्याकरण सिखाने पर बल दिया जाता था।

मकतबों का प्रबंध

मकतबों का प्रबंध 'मौलवी' किया करते थे। मकतबों में धन की व्यवस्था शासक तथा धनी लोग करते थे।

उच्च शिक्षा व्यवस्था

मदरसे

बड़े-बड़े नगरों में उच्च शिक्षा का प्रबंध था। इनमें आगरा, अजमेर, लाहौर, मुल्तान, स्यालकोट, लखनऊ, जौनपुर तथा मुर्शिदाबाद में मदरसे बहुत ख्याति प्राप्त थे। वहां पर अध्ययन के लिए बाहरी देशों जैसे अफगानिस्तान, बुखारी आदि से आते थे।

पाठ्यक्रम

अबुल फजल ने (1551-1602), जो अकबर के प्रसिद्ध 'नवरत्नों' में से थे, अपनी पुस्तक 'आइन्-ए-अकबरी' में उच्च शिक्षा में पाठ्यक्रम का विवरण विस्तार से दिया है। उच्च शिक्षा की अवधि 10 से 12 वर्ष की थी। इसमें धार्मिक तथा लौकिक विषयों की शिक्षा प्रदान की जाती थी।

धार्मिक पाठ्यक्रम में विषय

(i) कुरान की आयतों को कण्ठस्थ करना तथा उनका सूक्ष्म एवं आलोचनात्मक अध्ययन।
(ii) इस्लामी इतिहास।
(iii) सूफी इतिहास।
(iv) इस्लामी कानून।
(v) इस्लामी परम्पराओं का अध्ययन।
(vi) इस्लामी सिद्धान्तों का अध्ययन।

लौकिक पाठ्यक्रम में विषय

(i) अरबी तथा फारसी भाषाओं का इतिहास, साहित्य तथा व्याकरण,
(ii) कृषि,
(iii) गणित,
(iv) भूगोल,
(v) ज्योतिष,
(vi) अर्थशास्त्र,
(vii) नीतिशास्त्र,
(viii) दर्शनशास्त्र,
(ix) यूनानी चिकित्सा,
(x) शासन के सिद्धान्त,
(xi) मेन्सूरेशन,
(xii) रेखा गणित,
(xiii) संगीत

इन विषयों का अध्ययन कक्षानुसार था।

यहां यह लिखना भी आवश्यक है कि उपर्युक्त विषयों की शिक्षा सभी मदरसों में नहीं दी जाती थी।

शिक्षा का माध्यम

मुस्लिम शिक्षा व्यवस्था में सामान्यतः भाषा का माध्यम फारसी था। परन्तु कई मदरसों में अरबी भी भाषा का माध्यम थी।

शिक्षण विधि

मदरसों में शिक्षण विधि साधारण तथा मौखिक थी।

धर्म, दर्शन, तर्कशास्त्र तथा राजनीतिशास्त्र में तर्क-विधि का मुख्य स्थान था।

उच्च शिक्षा में विशिष्टीकरण

कुछ मदरसे विशेष विषयों में प्रसिद्ध थे–यथा लाहौर तथा स्यालकोट गणित तथा ज्योतिष में, दिल्ली इस्लामी प्रचलनों तथा प्रथाओं के शिक्षण में, रामपुर तर्क तथा चिकित्सा में, लखनऊ शिया शिक्षा में तथा हैदराबाद ऊर्दू शिक्षा में।

परीक्षा प्रणाली

मध्यकाल में प्रायः अध्यापक द्वारा ही मूल्यांकन किया जाता था।

तीन प्रकार की सनदें

(डिगरियां) तथा तमगे भी कई स्थानों पर दिए जाते थे।

(i) 'फाजिल' (Fazil) की उपाधिः यह उपाधी तर्क तथा दर्शन में विशिष्टीकरण हेतु दी जाती थी।

(ii) 'अलिम' (Alim) यह उपाधि धर्मशास्त्र में दी जाती थी।

(iii) 'अबिल' (Abil) साहित्य में यह उपाधि दी जाती थी।

अध्यापकों की स्थिति

अध्यापकों का समाज में प्रतिष्ठित स्थान था।

फीस

प्रायः उच्च शिक्षा निःशुल्क थी।

उच्च शिक्षा का महत्त्व

मदरसों से निकले व्यक्तियों को इस प्रकार के पद काज़ी मिल जाते थे–काज़ी, मन्त्री, जज तथा विभिन्न स्तरों के सरकारी पद।

व्यावसायिक शिक्षा

मुस्लिम शिक्षा व्यवस्था में व्यावसायिक शिक्षा निम्न प्रकार की थी–

सैनिक शिक्षा

सैनिक शक्ति के आधार पर ही मुस्लिम आक्रमणकारियों ने भारत के राजाओ-महाराजा पर विजय प्राप्त की थी। विजय के पश्चात् विभिन्न राज्यों में अनके विद्रोहों का भी सामना करना पड़ता था। इस कारण सैनिक शक्ति पर विशेष बल दिया जाता था। सैनिक शिक्षाऐं कई स्तरों पर दी जाती थी। राजकुमारों

के लिए भिन्न प्रकार की सैनकि शिक्षा थी। मुगल काल में तलवार चलाने, घोड़े एवं हाथी पर बैठकर युद्धकला के अतिरिक्त गोली चलाने का भी प्रशिक्षण दिया जाता था। सेना के संचालन, संगठन तथा नेतृत्व का विशेष प्रशिक्षण राजकुमारों को दिया जाता था। दुर्ग को घेरा डालना तथा भेदना भी सैनिक शिक्षा का प्रमुख अंग था।

चिकित्साशास्त्र की शिक्षा

चिकित्सा के क्षेत्र में शिक्षा देने के लिए संस्कृत ग्रन्थों का फ़ारसी में अनुवाद किया गया। यूनानी चिकित्सा विधि का भी अध्ययन किया जाता था।

चिकित्साशास्त्र की प्रसिद्ध पुस्तकें जो संस्कृत ग्रन्थों के आधार पर रची गईं, निम्नलिखित थीं–

1. मदानुश-शिफाए-सिकन्दरी,
2. दस्तूर-उल-अतिब्बा,
3. तुहफत-अल-मोमिन

रामपुर में चिकित्साशास्त्र की विशिष्ट शिक्षा संस्था थी। आगरा में अकबर द्वारा स्थाति किए गए मदरसे में भी चिकित्सा शिक्षा का विशेष प्रबन्ध था।

हस्तकलाओं की शिक्षा

मुगलकाल में मुख्य हस्तकलाएँ निम्न प्रकार की थी, जिनकी शिक्षा की व्यवस्था थी

(i) कशीदाकारी,
(ii) जरी का कार्य,
(iii) लकड़ी का काम,
(iv) हाथी दांत का काम,
(v) रेशम का काम,
(vi) आभूषण का काम,
(vii) दरी, पर्दों आदि का काम,
(viii) भवन निर्माण आदि।

ललित कलाओं की शिक्षा

प्राय: मुगल बादशाह विलास तथा ऐश्वर्य का जीवन व्यतीत करते थे। इन ललित कलाओं के अन्तर्गत संगीत, नृत्य कला, चित्रकला तथा वास्तुकला को विशेष स्थान प्राप्त हुआ।

मुस्लिम कालीन शिक्षा की समीक्षा

शिक्षा के गुण

1. मुस्लिम शिक्षा व्यवस्था में अलौकिक एवं लौकिक शिक्षा का समन्वय था।
2. शिक्षा गृहण करना पवित्र कार्य समझा जाता था।
3. शिक्षा में व्यावहारिकता थी।
4. शिक्षा में शिष्य तथा अध्यापक का व्यक्तिगत सम्पर्क था।
5. अनेक शासक तथा धनी शिक्षा के प्रावधान के लिए सहायता देते थे। प्राय: मकतबों तथा मदरसों के व्यय के लिए जागीरें सम्बधित कर दी गई थी।
6. प्राय: हर प्रकार की शिक्षा नि:शुल्क थी।
7. प्राय: छात्रों के भोजन तथा रहने की नि:शुल्क व्यवस्था थी।
8. शिक्षा के प्रसार के लिए छात्रों को छात्रवृत्तियां दी जाती थीं।
9. लगभग सभी शिक्षा के केन्द्र नगरों के कोलाहलमय वातावरण से दूर शान्त तथा सुरम्य स्थान पर स्थापित किए गए थे।

शिक्षा के दोष

1. डॉ. यूसुफ हुसेन ने अपनी पुस्तक '*Glimpses of Medieval Indian Culture*' में लिखा है "एतिहासिक दृष्टि से इस तथ्य पर बल देना सत्य है कि मध्यकालीन शिक्षा व्यवस्था, नेतृत्व के गुणों के विकास करने में विफल रही। अत: यह जीवन के विभिन्न क्षेत्रों के लिए असाधारण व्यक्तियों की मांग-पूर्ति न कर सकी।"
2. टी. एन. सिक्योरा ने '*The Education of India*' में लिखा है, "स्त्रियों की शिक्षा पढ़ने और लिखने के न्यूनतम तत्वों तक सीमित रह गई थी।"
3. डॉ. एफ. ई. केई ने '*Education in Ancient and Later Times*' में लिखा है, "मुस्लिम शिक्षा एक विदेशी प्रणाली थी जिसका भारत में प्रतिरोपण किया गया और जो ब्राह्मणीय शिक्षा से बहुत ही कम संबंध रख कर, नयी भूमि में विकसित हुई।"

मुस्लिम शिक्षा के मुख्य दोष

1. मातृभाषा शिक्षा का माध्यम न थी।
2. धार्मिक विषयों पर आवश्यकता से अधिक बल दिया जाता था।
3. रटने पर न कि 'समझ' पर जोर था।

4. स्त्री शिक्षा की अवहेलना की गई।
5. प्रान्तीय भाषाओं की उपेक्षा की गई।
6. सामावत्य प्राय: हिन्दुओं की शिक्षा पर उचित ध्यान नहीं दिया गया।
7. शिक्षा में धार्मिक रीति-रिवाजों के अध्ययन की प्रधानता थी तथा आध्यात्मिक पक्ष की उपेक्षा।
8. शिक्षा प्राय: नगरों तक सीमित थी, विशेषकर उच्च शिक्षा।
9. जनसाधारण की शिक्षा में शासकों ने पर्याप्त रूचि नहीं दिखाई।
10. शिक्षा में धार्मिक कटुता की प्रधानता थी।
11. शिक्षण विधि तथा अधिगम विधि प्रभावपूर्ण नहीं थी।
12. मौखिक शिक्षण पर इतना अधिक जोर दिया जाता था कि छात्रों को निरीक्षण, तथा व्यावहारिक क्रियाओं के लिए बहुत कम अवसर प्राप्त होते थे।
13. शिक्षा में लचीलेपन का अभाव था।
14. शिक्षा में लेखन व पठन साथ-साथ नहीं चलते थे।
15. दण्ड व्यवस्था निर्दयतापूर्ण थी।
16. शिक्षा संस्थानों का अस्तित्व अस्थायी था। कई धनी व्यक्ति तथा अमीर-उमराव कीर्ति अथवा धार्मिक भावना से प्रेरित होकर मदरसे तथा मकतब स्थापित करते थे। उनकी मृत्यु के पश्चात् इस प्रकार की शैक्षिक संस्थाएँ प्राय: देखरेख के अभाव के कारण नष्ट हो जाती थी।

उपसंहार

मध्यकालीन मुस्लिम शिक्षा के बारे में प्राय: यह कहा जाता है कि इस्लाम धर्म की शिक्षा ने मुसलमानों को एक सूत्र में बांधा जिसके परिणामस्वरूप बाहर से भारत में आकर वे अपने धर्म तथा संस्कृति की पहचान सुरक्षित रख सके। दूसरी ओर अकबर बादशाह जैसे कुछ मुस्लिम शासकों को छोड़कर अन्य बादशाहों ने सामान्यत: प्रचलित शिक्षा प्रणाली की अवहेलना की तथा कुछ ने उच्च शिक्षा केन्द्रों को नष्ट किया।

मुस्लिम शिक्षा के उच्च केन्द्र

आगरा

आगरा मुस्लिम शिक्षा संस्कृति तथा दर्शन का मध्यकाल में प्रसिद्ध केन्द्र था। सिकन्दर लोधी, बाबर तथा हुमायूँ ने यहां पर अनेक मदरसों की स्थापना की।

परन्तु अकबर ने इस दिशा में अत्यन्त महत्त्वपूर्ण कार्य किये। उसने आगरा को केवल पाण्डित्य तथा शिक्षा का केन्द्र ही नहीं बनाया अपितु संस्कृति तथा ललित कलाओं का केन्द्र भी बनाया। जहांगीर शाहजहाँ तथा औरंगजेब ने भी कई मदरसे स्थापित किए तथा वित्तीय सहायता दी। एस जाफर ने इस प्राकर विवरण दिया है, "अरब, फारस तथा बुखारा के विद्वानों को भारत के शासकों ने खुले दिल से प्रोत्साहन तथा संरक्षण दिया। इस के परिणाम स्वरूप आगरा कालान्तर में बड़ा साक्षर नगर बना जहां पर अनेक स्कूल तथा कालेज थे जिनमें उच्च शिक्षा प्राप्त करने हेतु दूर-दूर से शिक्षार्थी आते थे।"

बीदर

दक्षिण भारत में मुस्लिम शिक्षा का एक प्रसिद्ध केन्द्र था। जहां पर एक बड़ा मदरसा था जिसमें लगभग मुस्लिम धर्म ज्ञान, संस्कृति, दर्शन, चिकित्साशास्त्र, ज्योतिष, इतिहास आदि विषयों पर लगभग 3,000 पुस्तकें थी। बहमनी सुल्तानों (1347-1537 ई.) ने विशेषकर मुहम्मद शाह तृतीय के प्रधानमंत्री महमूद गंवा ने। महमूद गंवा विद्वानों की संगति तथा रचनाओं को पसन्द करता था। उसने स्वयं दो पुस्तकें लिखीं।

दिल्ली

दिल्ली सुल्तानों के पूर्व ही पाण्डित्य: तथा शिक्षा की दृढ़ परम्परा स्थापित हो चुकी थी। इन्होंने इसे अपना मुख्यालय बनाया। संस्कृति के क्षेत्र में दिल्ली 'दूसरा बगदाद' बन गया। अनेक विद्वान उसके दरबार की शोभा को बढ़ाते थे–यथा नूरूद्दीन, मुहम्मद औफी, मिनहाजुस्सिराज तथा हसन निजामो। वह पहला सुल्तान था जिसने दिल्ली में मदरसा-ए-मजीजी की स्थापना की। सुल्ताना रजिया ने 'सबाकत-ए-नसरी' के लेखक मिनहाजुस्सिराज को इसका संरक्षक नियुक्त किया। अमीर खुसरो तथा निजामुद्दीन औलिया ने दिल्ली में शिक्षा तथा संस्कृति के क्षेत्र में बहुत काम किया। मुहम्मद तुगलक ने दिल्ली में एक मदरसा बनाया तथा एक मस्जिद को इसके साथ जोड़ा। कहा जाता है कि मुहम्मद तुगलक के शासन काल में यहां पर 1,000 मकतबे तथा मदरसे थे। फिरोज तुगलक ने एक मदरसा बनाया तथा इसके साथ मस्जिद को जोड़ा। यह मदरसा एक सुनियोजित योजना से बने बगीचे के अन्दर था। अध्यापकों तथा छात्रों की समुचित व्यवस्था के लिए भवनों का निर्माण किया। विदेशों से विद्वान यहां पर आते थे। इस मदरसे के साथ बहुत जायदाद लगा दी थी। मुगल काल में हुमायूँ ने यहां पर एक मदरसा बनवाया तथा पुस्तकालय स्थापित किया। यहां ज्योतिष, गणित तथा भूगोल विषयों में पढ़ाई की विशेष व्यवस्था

की। जामा मस्जिद के पास शाहजहाँ ने शाही कालेज की स्थापना की। शाहजहाँ ने 'दार-उल-बक' (Abode of Enternity) कालेज की स्थापना की। शिक्षा के क्षेत्र में शाहजहाँ के बड़े बेटे दारा शिकोह ने शिक्षा के विकास में महत्त्वपूर्ण योगदान दिया।

जौनपुर

जौनपुर को भारत का 'शीराज़' कहा जाता था। यहां 15वीं ई. में सैकड़ों मदरसे थे। इतिहास, दर्शन, शासन पद्धति, सैनिक शिक्षा तथा साहित्य की अध्ययन की विशेष व्यवस्था थी। अनेक विद्वानों का यह नगर निवास स्थान था।

7

मध्यकालीन भारत में हिन्दू शिक्षा व्यवस्था
(Hindu System of Education During the Medieval Period)

प्रस्तावना

किसी भी देश में राजनैतिक परिवर्तनों के साथ-साथ अन्य क्षेत्रों में विशेषकर शिक्षा के क्षेत्र में क्रान्तिकारी परिवर्तनों का होना स्वाभाविक है। इसका विशेष प्रभाव स्पष्ट दृष्टिगोचर होता है जबकि राजनैतिक परिवर्तन विदेशी आक्रमणों तथा सत्ता के कारण होता है। भारत में भी इस प्रकार का परिवर्तन शिक्षा के क्षेत्र में हुआ। विदेशी आक्रमणकारी जो इस देश के शासक बने, उनकी संस्कृति बिल्कुल भिन्न थी। उनका दर्शन तथा धर्म अलग था। उनकी भाषा भी अलग थी।

प्राचीन काल में भारत में जितने आक्रमणकारी आए और जो यहां बसे, उन सब ने थोड़ा-बहुत भारत के सामाजिक तथा सांस्कृतिक पक्ष पर प्रभाव डाला। परन्तु मुख्यत: वे भारत की मुख्य धारा में मिल गए।

परन्तु मध्यकाल में जो आक्रमणकारी लगभग 12वीं शताब्दी में आए, उन्होंने अपना अलग से अस्तित्व बनाए रखा। वे भारत की मूलधारा का अंग न बने। यही कारण है कि कालान्तर में (1947) में उनके प्रभावी नेताओं ने उनके लिए एक अलग देश की बात थी। परिणाम स्वरूप भारत दो भागों में द्विजाति सिद्धान्त के आधार पर बट गया।

इस तथ्य में भी कोई सन्देह नहीं है कि इस्लाम धर्म तथा हिन्दूधर्म के अनुयायियों में परस्पर सम्पर्क हुआ तथा एक दूसरे की संस्कृति तथा सभ्यता को प्रभावित किया। और इससे मिश्रित संस्कृति का प्रादुर्भाव हुआ।

शिक्षा के क्षेत्र में मुख्यत: निम्न प्रकार से प्रभाव पड़े–

1. शिक्षा व्यवस्था उन क्षेत्रों में जहां पर सम्पूर्ण रूप से मुसलमान शासकों का राज्य था, बहुत प्रभावित हुई।
2. शिक्षा व्यवस्था उन क्षेत्रों में जहां पर मुसलमान शासकों का अपेक्षाकृत कम प्रभाव था, कम प्रभावित हुई।
3. वे क्षेत्र जहां पर बहुत काल तक स्वतन्त्र हिन्दू शासक रहे, प्रायः अपनी परम्परागत शिक्षा प्रणाली को सुरक्षित रख सके।

मध्यकालीन भारत में हिन्दू शिक्षा व्यवस्था की मुख्य विशेषताएँ

राज्य की सहायता का न होना

भारत में मुस्लिम शासकों के आते ही हिन्दू शिक्षा व्यवस्था के लिए राज्य सहायता लगभग समाप्त हो गई। यही नहीं, कई स्थानों पर इस व्यवस्था को नष्ट करने के प्रयास भी हुए। हिन्दू शिक्षा व्यवस्था उन धनी लोगों, विद्वानों तथा ग्रामीण समुदाय पर आश्रित थी जहां पर मुस्लिम शासक नहीं थे, वहां पर हिन्दू शिक्षा व्यवस्था को राज्य से संरक्षण मिला। परन्तु इस प्रकार के बहुत कम क्षेत्र थे।

धर्म अभिमुखित-शिक्षा

प्रायः समस्त शिक्षा धर्म-प्रधान थी।

पाठशालाएँ

प्राथमिक शिक्षा पाठशालाओं में दी जाती थी। ये पाठशालाएँ ग्रामीण तथा शहरी दोनों क्षेत्रों में थीं।

पाठशाला भवन

प्रायः पाठशाला किसी मकान के बरामदे अथवा वृक्ष की छाया में लगती थी। कई स्थानों पर पाठशालाओं के अलग से भवन थी थे। मन्दिरों में भी पाठशालाएँ स्थापित की गई थीं।

शुल्क

छात्रों से किसी प्रकार की फीस नही ली जाती थी। अभिभावक अध्यापकों को उपहार दिया करते थे। छात्र अध्यापकों की व्यक्तिगत सेवा भी किया करते थे। कभी-कभी अध्यापक अपने निर्वाह के लिए अंशकालिक अन्य कार्य भी करते थे।

उच्च शिक्षा केन्द्र

मध्यकालीन भारत में प्राचीन काल की भान्ति हिन्दुओं के उच्च शिक्षा केन्द्र भी थे। परन्तु सामान्यतः वे धीरे-धीरे नष्ट कर दिए गए। दक्षिण भारत में ये केन्द्र अपनी ख्याति रख सके क्योंकि काफी समय तक मुस्लिम शासकों के अधीन ये क्षेत्र न आ पाए।

प्राथमिक स्तर पर हिन्दू शिक्षा व्यवस्था की मुख्य विशेषताएँ

मध्यकालीन भारत में हिन्दू शिक्षा व्यवस्था में प्राथमिक शिक्षा स्तर की निम्न विशेषताएँ थीं–

1. हिन्दू बच्चों की शिक्षा 'उपनयन' संस्कार के पश्चात् शुरु होती थी।
2. प्राथमिक पाठशालाएँ गांवों तथा शहरों दोनों में थीं।
3. प्राथमिक कक्षाएँ प्रायः पेड़ों की छाया में, घर के बरामदे तथा मन्दिरों में लगा करती थीं। कई स्थानों पर अलग से भवन भी थे।
4. छात्रों को पढ़ना-लिखना, गणित तथ बहीखाते की शिक्षा दी जाती थी।
5. पाठशालाओं में मुख्य रूप से कायस्थ जाति के शिक्षक पढ़ाते थे। परन्तु अन्य जातियों के शिक्षक भी अध्यापन कार्य करते थे।
6. छात्रों से नियमित रूप से फीसें नहीं ली जाती थीं। अभिभावक सहर्ष अपनी इच्छा से उत्सवों पर अध्यापकों को उपहार देते थे।
7. जो अध्यापक धन के लिए पढ़ाते थे उनका सामाजिक बहिष्कार किया जाता था। कम आय होने के कारण अनेक अध्यापक अंशकालिक कार्य जैसे खेती तथा व्यापार आदि भी करते थे।
8. शूद्रों (अनुसूचित जातियां) के बच्चे भी कई स्थानों पर पाठशालाओं में पढ़ने के लिए जाया करते थे।
9. प्राथमिक शिक्षा प्रायः व्यवहारिक थी।
10. प्रायः नैतिक शिक्षा नहीं दी जाती थी।
11. नाप-तोल का ज्ञान छात्रों को अनिवार्य रूप से दिया जाता था।
12. उन दिनों में केवल रेत या तख्ती को लिखने के लिए प्रयोग किया जाता था।
13. अच्छी लिखाई पर विशेष बल दिया जाता था।
14. स्कूलों में प्रादेशिक भाषाएँ शिक्षा की माध्यम थीं।

15. छात्र प्रायः प्रातः काल से सांयकाल अध्ययन करते थे।
16. नायक प्रथा (Monitor System) प्रचलित थी।

शिक्षण-अधिगम विधि

प्राथमिक स्कूलों में प्रायः निर्देशन की चार अवस्थाएँ अथवा चरण थे–

पहली अवस्था

छात्रों को रेत पर अक्षरों का लिखना सिखाया जाता था।

दूसरी अवस्था

दूसरी अवस्था पर ताड़ के पत्तों पर अध्यापक द्वारा अक्षर लिखे जाते थे। छात्र उन पर सरकण्डे के पैन (कलम) से तथा कोयले की स्याही से ट्रेस करते थे जिसे सुगमता से मिटाया जा सकता था। इसके पश्चात् छात्र संयुक्त व्यंजनो का उच्चारण करते थे। छात्रों को स्वर-व्यंजनों के जोड़ने का अभ्यास कराया जाता था।

तीसरी अवस्था

सरकण्डे का स्थान केले के पत्ते ने ले लिया। अब छात्रों को वाक्य बनाना सिखाया जाता था। बोलचाल की भाषा तथा लिखित भाषा का अन्तर छात्रों को सिखाया जाता था। तब छात्रों को अंकगणित के नियम बताए जाते थे।

प्रातः तथा सांय छात्रों को पहाड़े कण्ठस्थ कराए जाते थे। तद्पश्चात् छात्रों को व्यापार तथा खेती का हिसाब-किताब (लेखा रखना) सिखाया जाता था।

चौथी अवस्था

इस अवस्था पर छात्रों को ऊंचे स्तर के बही खातों की जानकारी दी जाती थी। अर्जी लिखना तथा व्यवसायिक पत्र-लेखन की शिक्षा दी जाती थी।

छात्रों को रामायण पढ़ाई जाती थी। उत्तरी भारत में मुख्यतः यही पाठ्यपुस्तक थी। अकबर बादशाह के शासन में इसका स्थान तुलसीदास द्वारा रचित 'रामचरित मानस' ने ले लिया।

भाषा के साथ-साथ गणित का शिक्षण भी दिया जाता था। हिन्दू बच्चों का इस विषय पर बहुत अधिकार था अर्थात् इसका बहुत ज्ञान था।

हिन्दुओं तथा मुसलमानो के प्राथमिक स्कूल

हिन्दुओं के प्राथमिक स्कूल देशी भाषायी तथा व्यापारिक थे जबकि मुस्लिम स्कूल प्राय: दार्शनिक प्रवृति के थे।

मुस्लिम स्कूलों में पढ़ना पहले सिखाया जाता था। हिन्दु स्कूलों में पहले लिखना तथा बाद में पढ़ना।

फारसी भाषा का ज्ञान

मुस्लिम शासन काल में राज्य का सारा कामकाज फारसी भाषा में होता था। फारसी जानने वालों को ही सरकारी नौकरी मिल सकती थी। फारसी स्कूलों में प्राय: मुस्लिम शिक्षक होते थे। हिन्दु भी फारसी स्कूलों में शिक्षा प्राप्त करते थे। इन स्कूलों में विषय इस प्रकार थे–फारसी, व्याकरण, पत्रव्यवहार पद्धति तथा प्रसिद्ध कहानियां तथा कविता। धर्म की शिक्षा भी दी जाती थी।

हिन्दु शिक्षा व्यवस्था के प्राथमिक स्कूलों के प्रकार

हिन्दुओं के प्राथमिक स्कूल निम्न प्रकार से स्थापित हुए–

1. हिन्दु स्कूल मन्दिरों में लगते थे अथवा उनसे सम्बन्धित थे।
2. कुछ प्राथमिक स्कूल ग्रामों के जमीनदारों अथवा धनी लोगों के सौजन्य से स्थापित थे। वे अपने बच्चों की शिक्षा में रुचि रखते थे। अत: स्कूल स्थापित करते थे जिनमें अन्य बच्चे भी शिक्षा प्राप्त करते थे।
3. दान की प्रवृत्ति के कारण दानी सज्जन स्कूल स्थापित करते थे।
4. कुछ स्कूल व्यापारिक दृष्टिकोण से भी उद्यमी व्यक्ति स्थापित करते थे।
5. एक अन्य प्रकार के प्राथमिक स्कूल थे, जिन्हे 'महाजनी स्कूल' कहा जाता था। महाजनी स्कूल व्यापारियों ने अपने बच्चों को शिक्षा देने के लिए स्थापित किए। इनमें प्राय: बही-खाते से संबंधित तथ्यों की शिक्षा दी जाती थी। बच्चों को व्यापार के लिए तैयार किया जाता था।
6. सरस्वती देवी (Goddess of Learning) के अभिवादन की प्रार्थना छात्रों को कण्ठस्थ करायी जाती थी।
7. शिक्षकों का छात्र बहुत मान करते थे। एक प्रकार से उनकी पूजा की जाती थी। उनकी 'चरण वंदना' की जाती थी।

अनुशासन

अनुशासन बहुत कठोर था। कार्य की अवहेलना करने पर छात्रों के स्कूल-समय के बाद ठहराया जाता था। किसी भी पाठ को बार-बार लिखने के लिए कहा जाता था। चांटे मारे जाते थे। जांघ के नीचे दोनों हाथों से कान पकड़ कर घुटनों के बल बैठाया जाता था। डण्डे से छात्रों की पिटाई की जाती थी।

छात्र अध्यापक संबंध

स्कूलों में छात्र-अध्यापक संबंध बहुत निकट के थे। बालकों को अध्यापक अपनी सन्तान समझ कर उनकी देखभाल करते थे। छात्र भी अध्यापकों को पिता तुल्य मानते थे। छात्रों के परस्पर सम्बंध भी बहुत मधुर थे।

मध्यकालीन भारत में हिन्दुओं की उच्च शिक्षा के प्रमुख केन्द्र

यह अत्यन्त दुर्भाग्य है कि कई मुस्लिम आक्रमणकारियों ने संसार में ख्याति प्राप्त उच्च शिक्षा के केन्द्र नष्ट कर दिए। सैकड़ों मूल्यवान पाण्डुलिपियाँ भस्म कर दी गईं। इस प्रकार समृद्ध बौद्धिक विरासत को धूल में मिला दिया। फिर भी कुछ शैक्षिक संस्थान इस बरबरता से बचे रहे। इनका संक्षेप में विवरण दिया जा रहा है।

कश्मीर

11वीं ई. शताब्दी के आरम्भ में जब पंजाब प्रान्त मुस्लिम शासकों के कब्जे में आ गया तो अनेक पंजाबी विद्वानों ने कश्मीर में शरण ली। कहा जाता है कि जिन स्त्रियों ने शिक्षा प्राप्त की वे संस्कृत तथा प्राकृत भाषा बोल सकते थे। अनेक ब्राह्मण कश्मीर घाटी में बस गए। उन्होंने वैदिक पांडित्य की परम्परा को बनाए रखा।

कश्मीर में जैनुल आबिदीन (1420-1470 ई.) शासक बहुत उदारवादी था। उसने पूर्व शासक सिकन्दर शाह (1389-1413) के हिन्दुओं के विरुद्ध जारी किए गए सभी आदेशों को बदल दिया। हिन्दुओं के पुस्तकालयों को अनुदान दिया। सुल्तान को फारसी, कश्मीरी, संस्कृत तथा तिब्बती का अच्छा ज्ञान था। वह विद्वानों का संरक्षक था। महाभारत तथा राजतरंगिणी का फारसी में अनुवाद करवाया।

बनारस (काशी)

काशी प्राचीन काल से ही हिन्दु शिक्षा, संस्कृति तथा दर्शन का प्रसिद्ध केन्द्र रहा है। अबुल फजल के अनुसार भारत के अनेक भागों से शिक्षार्थी यहां आया करते थे। भारत में मुस्लिम शासन स्थापित होने पर अनेक विद्वान बनारस छोड़कर दक्षिण भारत में चले गए। इस कारण शिक्षा को बहुत धक्का लगा। परन्तु अकबर बादशाह के काल में पुनः यह उच्च शिक्षा का प्रसिद्ध केन्द्र बना। भारत के कोने-कोने से छात्रों का यहां आना आरम्भ हुआ। दक्षिण भारत में पुनः विद्वान जहां पर आकर बसे। परन्तु औरंगजेब बादशाह के शासनकाल के दोबारा बुरे दिन आए।

अकबर के शासन काल में संत कबीर तथा संत तुलसीदास ने अपनी साहित्यिक रचनाएँ बनारस में की। राजा जयसिंह ने राजकुमारों की शिक्षा के लिए जहां एक कालेज स्थापित किया। बनियर ने मध्यकालीन बनारस की तुलना यूनान के ऐथन्स से की है।

मिथिला

प्राचीन काल से ही मिथिला शिक्षा का केन्द्र रहा है। सम्राट अकबर ने जहां के विद्वानों को बहुत संरक्षण प्रदान किया। जहां के ख्याति प्राप्त विद्वान रघुनन्दनदास की पांडित्य से इतने प्रभावित हुए कि मिथिला नगरी उपहार के रूप में उन्हें दे दी। परन्तु उन्होंने इसे स्वयं न लेकर अपने गुरु को सौंप दी।

मिथिला के विद्वानों को स्थानीय सरदारों का संरक्षण प्राप्त था। 16वीं शताब्दी में यह नगर धार्मिक तथा लौकिक ज्ञान का केन्द्र बना।

नदिया

बंगाल के सेन वंश के राजाओं ने 1063 ई. इस नगर की स्थापना की। लगभग 150 वर्ष तक यह उच्च शिक्षा का केन्द्र बना रहा। जहां पर अनेक शैक्षिक संस्थाएँ थे तथा इनमें शिक्षा पाने के लिए छात्र तथा विद्वान आते थे। उच्च शिक्षा संस्थाएँ 'टॉल' के नाम से जानी जाती थी। जहां पर बड़े-बड़े भवन नहीं थे। मिट्टी से बने कुटीर थे। जिनमें छात्र रहते थे।

यह शिक्षा केन्द्र न्याय शास्त्र की शिक्षा के लिए विशेष रूप से प्रसिद्ध था। शिक्षण में वाद-विवाद पद्धति को प्रमुख स्थान दिया जाता था। शिक्षा के तीन प्रसिद्ध केन्द्र यहां पर इस प्रकार थे—नवद्वीप, गोपाल पाड़ा तथा शान्ति पुर।

एक कालेज में लगभग 25 छात्र थे।

13वीं तथा 14वीं शताब्दी में इसकी ख्याति को बहुत धक्का पहुंचा। अकबर

तथा शाहजहां के काल में पुनः यह प्रसिद्ध हुआ। यहां पर निम्न विषय पढ़ाए जाते थे।

तर्क, विधि, काव्य, ज्योतिषशास्त्र, व्याकरण, न्यायशास्त्र, नक्षविद्या, अलंकार शास्त्र, दर्शन, कोश विज्ञान, भगवत् गीता तथा अन्य हिन्दू धर्मग्रन्थ भी यहां पढ़ाए जाते थे।

यहां पर निम्न जातियों को शिक्षा ग्रहण का पूरा-पूरा अवसर दिया जाता था।

विद्वानों में विभिन्न विषयों पर वाद-विवाद हुआ करता था।

अंबेर (जयपुर)

18वीं शताब्दी में अंबेर (राजस्थान) के राजा सवाई जयसिंह (1699-1743 ई.) ने शिक्षा तथा विज्ञान के क्षेत्र में अत्यन्त उत्कृष्ट कार्य किया। उन्होंने लगभग 44 वर्ष की लंबी अवधि तक राज करके एक कीर्तिमान स्थापित किया। वह एक महान खगोलशास्त्री, निर्माता, इंजीनियर, विधिवेत्ता, समाज सुधारक तथा कुशल राजनेता था।

अपने काल में उसने एक 'विज्ञान-पुरुष' के रूप में अपनी पहचान बनाई जब भारतवासी वैज्ञानिक शिक्षा और प्रगति से बेखबर थे।

जयसिंह ने दिल्ली, जयपुर, मथुरा, उज्जैन तथा वाराणसी में वैज्ञानिक सिद्धान्तों पर आधारित खगोलशास्त्रीय वेधशालाओं का निर्माण करवाया।

खगोल शिक्षा के अध्ययन के लिए उसने सारणियों का एक सैट तैयार किया, जिसे जिजमुहम्मद शाही कहते थे। इन वेधशालाओं को 'जन्तर-मन्तर' के नाम से जाना जाता है।

जयसिंह ने जयपुर नगर को, जिसकी उसने स्थापना की उसको कला तथा विज्ञान का एक महान केन्द्र बना दिया।

जयसिंह एक महान साहित्यिक विभूति था। उसने विज्ञान तथा गणित की अनेक महत्त्वपूर्ण रचनाओं को संस्कृत में अनुवाद कराया। उनमें से प्रमुख थे-युक्लिड (Euclid) की '*Elements of Geometry*' तथा नेपियर (Napier) के लघुगणक (*Logarithms*) का निर्माण।

दक्षिण भारत में शिक्षा का विकास

विजय नगर साम्राज्य

विजय नगर साम्राज्य में हिन्दू धर्म, दर्शन, व्याकरण, नृत्य, संगीत आदि पर उत्कृष्ट कृतियों की रचना हुई। शासकों ने संस्कृत, तमिल, तेलगू और

कन्नड़ साहित्य और भाषाओं को प्रोत्साहन दिया। कहा जाता है कि कृष्णदेव राय (1509-29 ई.) के शासन काल में "दक्षिण भारत के साहित्यिक इतिहास में एक नए अध्याय का शुभारंभ हुआ।" वह स्वयं एक महान विद्वान था।

इस काल में वास्तुकला में भी बहुत प्रगति हुई। भव्य मन्दिरों का निर्माण हुआ।

चोला प्रशासन

10वीं तथा 11वीं शताब्दी ई. में चौल प्रशासन में शिक्षा के सभी क्षेत्रों में बहुत प्रगति हुई। इसे तमिल साहित्य का स्वर्णयुग कहा जाता है।

पंपा (10वीं शताब्दी) को प्राय: कन्नड़ का 'आदि कवि' कहा जाता है। संत कवि ने दो महाकाव्यों की रचना की। एक 'आदिपुराण' जो पहले जैन तीर्थंकर के जीवन से संबंधित है और दूसरा 'विमार्जुन विजय' जो महाभारत की कथा पर आधारित है। नन्यय (11वीं शताब्दी) ने महाभारत के एक भाग को तेलगू कविता में लिखा। ये सारी कृतियां इस बात को प्रमाणित करती हैं कि यहां शिक्षा का कितना प्रसार था।

तिरूमुककुदल मन्दिर कालेज (Tirumukkudal Temple College)

11वीं शताब्दी में वेनकेटेसरा पेरूमल मन्दिर जिला चिनगलीपुट (Chingleput) बहुत प्रसिद्ध था। यह मन्दिर एक कालेज छात्रावास तथा कालेज चलाता था। 60 छात्रों के रहने तथा खानपान की यहां व्यवस्था थी। 60 छात्रों की विषयवार संख्या इस प्रकार थी–10 ऋग्वेद के छात्र, 10 यजुर्वेद के, 20 व्याकरण, 10 पंचारत्तरा, 3 सैयवागमा तथा 7 वानप्रस्थ तथा सन्यास के लिए।

प्रत्येक रविवार सभी छात्रों के लिए तेल-स्नान की व्यवस्था थी।

विरूवाररीयुर मन्दिर कालेज (Tiruvorriyur Temple College)

यह कालेज चिंगलापट्टु (Chingalpattu) जिले में स्थित था। प्रसिद्ध व्याकरण ज्ञाता तथा 'अष्याध्यायी' के लेखक पाणिनी की स्मृति में यह कालेज स्थापित किया गया। यह कालेज 14वीं शताब्दी तक शिक्षा प्रदान करता रहा। यहां पर लगभग 340 छात्रों के लिए नि:शुल्क भोजन तथा आवास की भी व्यवस्था थी। यहां पर लगभग 400 छात्र उच्च शिक्षा प्राप्त करते थे। इस कालेज के साथ 300 एकड़ जमीन लगी हुई थी। अध्यापकों की संख्या लगभग 25 थी।

मलकापुरम मन्दिर कालेज

मन्दिर में एक कालेज तथा अस्पताल था। 1268 ई. के एक अभिलेखन के अनुसार यहां पर ये संस्थाएँ थीं। यहां पर 8 शिक्षक थे–4 वेदों तथा अगमा के लिए तथा 4 व्याकरण, साहित्य तथा तर्क शिक्षण के लिए। प्रत्येक शिक्षक के पास लगभग 20 छात्र थे। अर्थात् छात्रों की कुल संख्या लगभग 150 थी। छात्रों को नि:शुल्क शिक्षा, भोजन, आवास तथा चिकित्सा उपलब्ध थी।